Presentado a:

_____

_____

Por:

_____

_____

Fecha:

_____

_____

Si desea hacer comentarios o comunicarse con la autora
de este libro, puede hacerlo a:

Silvia Bolet Fernández
c/o Editorial Unilit
1360 N.W. 88 Ave.
Miami Fl 33172 USA

Correo Electrónico: SilviaBolet@aol.com

Consejos y cuidados que

toda hija desea escuchar

de su madre o recordar

una vez más.

Silvia Bolet Fernández

Mi hija...
mi amiga

Deje una huella de amor en
la relación con su hija.

EDITORIAL UNILIT

Publicado por
Editorial Unilit
Miami, Fl. 33172
Derechos reservados

Primera edición 2003

Fotografía de la cubierta: DigitalVision
Fotografias: Corel, Eyewire y DigitalVision

Producto 495280
ISBN 0-7899-1047-0
Impreso en Colombia

Dedicatoria

Silvia Danielle, te dedico este libro a ti,
con todo mi corazón. Deseo que alcances
el éxito que anhelas en la vida y sobre todo
que mantengas tu amor por Jesús.

Palabras de la Autora

Este libro está dedicado a las madres que en algún momento de sus vidas se han separado de sus hijas. Hay tantas circunstancias para una separación como madres lejos de sus hijas.

En algunas ocasiones, son las madres las que tienen que partir en busca de recursos para poder pagarle los estudios a sus hijas. En otras, son las hijas las que se van a la universidad, sufriendo la lejanía con el fin de lograr su superación.

Es mi intención que en cada página de este libro encuentres uno de esos consejos que toda madre desea decir por primera vez o centésima vez a su hija, y que desea que ella no olvide. También cada página del libro contiene esos consejos y cuidados que toda hija desea escuchar de su madre o recordar una vez más.

No importa quién lea *Mi hija... mi amiga*, sea madre o hija, es mi intención que este libro resulte de bendición para ambas. En él encontrarán algunas de mis experiencias con mi hija, por lo que he depositado en sus manos, una parte muy íntima de mi corazón.

Mi hija... mi amiga desea dejar una huella de amor en el aspecto familiar de la relación entre madre e hija.

Oro también para que al obsequiar este libro a esa persona que ama, sus lazos de amor se hagan más fuertes, y quién sabe si juntas, aunque a la distancia, puedan leer cada página y en esos momentos estar unidas en pensamiento e intención.

En el servicio de Dios y el suyo,

Silvia Bolet de Fernández
Tu mamá

Miami, Florida

Prólogo

Este libro llega como agua fresca en una tarde de verano.

Si hay un problema mayúsculo en el mundo, es el de las relaciones entre padres e hijos. ¿Qué nos ha pasado que hasta la ternura entre dos mujeres, madre e hija, está ausente en millones de hogares?

Muchas gracias, Silvia, por una obra extraordinaria.

Silvia Bolet Fernández no solo es una gran escritora, sino que en este libro toca las fibras más sensibles de la vida proveyendo no solamente soluciones sino «una montaña de misericordia».

Recuerdo a una alumna en uno de nuestros seminarios que al ministrarle sobre la relación madre-hija fue profundamente tocada por Dios. Ella fue a la florería, compró un bello ramo de rosas y se dirigió a la escuela donde estudiaba su hija. Fue una sorpresa grande para la muchacha, pero se sorprendió aun más cuando la madre le dijo: «Perdóname, hija, por no haberte dicho cuánto te amo. Si me lo permites, quiero ser tu amiga».

Para mí es extraordinario el versículo seis en el capítulo cuatro de Malaquías: «Él hará volver el corazón de los padres hacia los hijos, y el corazón de los hijos hacia los padres, no sea que yo venga y hiera la tierra con maldición».

La bendición o la maldición no dependen del dinero con que contamos, ni de los éxitos que logramos. La bendición o maldición están condicionadas en gran parte a la relación entre padres e hijos.

Yo no he tenido hijas, pero sé lo que se siente cuando los hijos se van de la casa para entrar a la universidad. Sin embargo, para nuestros dos hijos varones fue muy emocionante el escuchar que salían de la casa con la bendición de Dios y la nuestra. Eso les dio mucha fuerza espiritual para seguir siendo buenos estudiantes y sobre todo, mantener sus valores espirituales que hacen a un joven fuerte.

Creo que Silvia Bolet Fernández está haciendo con este libro uno de los mejores aportes para nuestra generación y la venidera. El corazón cálido de este libro sanará muchas heridas y restaurará muchas relaciones.

Gracias, Silvia, por esta obra llena de belleza que cautivará y ayudará a miles que anhelan tener una familia realmente feliz.

Noemí Mottesi
Los Ángeles, California

La verdad siempre adornará tus labios

«Los labios mentirosos son abominación a Jehová; pero los que dicen verdad son su contentamiento».

Proverbios 12:22:

Querida hija, llegó el día con el que tanto soñaste, una nueva etapa de tu vida, llena de nuevas experiencias y responsabilidades. Hoy te dije adiós sintiendo alegría y tristeza al mismo tiempo, mientras te dirigías a otro pueblo, a esa universidad que te preparará como ministro. Mientras te alejabas nerviosa, yo quedé allí, de pie, sintiendo una mezcla de orgullo y tristeza, con mis ojos fijos en la distancia hasta que te perdí de vista.

Sé que tienes sueños, ambiciones y un gran deseo de conquistar nuevos horizontes; yo a tu edad sentí lo mismo. Tu decisión de estudiar me enorgullece y mi deseo es que logres tus metas. Sin embargo, no pude evitar que las imágenes del pasado, de tu niñez, corrieran por mi mente afirmando lo decidida y dispuesta que siempre has sido.

Desde pequeña, en tu inocencia y franqueza, siempre has actuado de forma espontánea y transparente con toda persona. Esto ha traído a tu vida, tanto momentos buenos, como malos. No todo el mundo está preparado para escuchar la verdad de forma sencilla y franca como tú las dices. Sin embargo, nosotros encontramos que ese rasgo de tu personalidad es maravilloso.

Amada hija, siempre haz amado la verdad, pero debes aprender con el paso del tiempo que debes decir las cosas con palabras llenas de sabiduría, de tacto, con suavidad; no tan solo siendo defensora de la verdad, sino también deseando saber comunicar de forma más eficaz, esa verdad que es tan importante.

Así que mi preciosa, oro a Dios para que la prudencia se desarrolle en ti cada día más, sin empañar tu inocencia y franqueza que tanto admiro y que agradan a Dios. Sigue siendo una mujer transparente, que hable tan solo la verdad, y cuando no puedas decir la verdad, mejor calla antes de mentir, recuerda que:

«Los labios mentirosos son abominación a Jehová; pero los que dicen verdad son su contentamiento». Proverbios 12:22.

Fecha

_____

Notas

_____

*Dios busca un lugar
en tu corazón para
manifestarse en tu mundo*

«Dios ... por medio de nosotros
manifiesta en todo lugar el olor
de su conocimiento».

2 Corintios 2:14

Querida hija, eras pequeña y tu mundo era muy sencillo. Habías creado un mundo ordenado donde cada cosa ocupaba su lugar. En él estaban aquellos que amaban a Dios y aquellos que no lo amaban. Estaban aquellos que iban al cielo y aquellos que no deseaban ir. Así era como lo entendías y lo expresabas; pero eso no cayó bien en la escuela pública a la que asistías.

Un día me llamaron para decirme que pensaban que tenías problemas al creer en Dios de tal forma, y definir tu mundo entre lo que es de Dios y no lo es. Por más que intenté explicarle a la maestra que nosotros los cristianos pensamos de esa forma, la maestra, con actitud de sabelotodo, no parecía desear comprenderlo; yo diría que se sentía muy molesta, como si tu inocencia pusiera de relieve su maldad, al punto que te castigaba por tus convicciones. A menudo te obligaba a sentarte en una esquina contra la pared, humillándote delante de tus compañeritos, señalándote como una niña diferente a los demás y retando tus convicciones con desprecio.

Su intención era enseñarte que la forma en que ella veía el mundo era mejor y más saludable que la forma en que tú lo explicabas a cualquiera que te quisiera escuchar. ¡Qué contraste, hija! Tú en cambio, reaccionaste diferente. Con tan solo cinco años de edad, la seguías amando, respetando y guardando la esperanza de que ella escuchara de tu amor por Jesús.

Según recuerdo, esa maestra siempre mantuvo su actitud de reto frente a tu fe cristiana y nunca aceptó como normal que una niña tan tierna amara tanto a Dios.

Hoy día sigues defendiendo tu fe delante de aquellos que se oponen. Bendigo a Dios por tu coraje y valentía, y me consuelo sabiendo que esa maestra, años atrás, tuvo la oportunidad de ver con sus propios ojos el amor de Dios en el corazón de una niña.

Fecha

_____

Notas

_____

_____

Si otros lo lograron, yo también puedo hacerlo

ᐰ

*«Estando persuadido de esto,
que el que comenzó en vosotros
la buena obra, la perfeccionará
hasta el día de Jesucristo».*

Filipenses 1:6

uerida hija, entiendo que pienses que los estudios que estás tomando son muy difíciles. El sistema de enseñanza universitario y su estilo son muy diferentes a lo que has experimentado hasta el momento. Todos los cambios implican ajustes. Los ajustes son dolorosos y a nadie le gusta sufrir. Sin embargo, no debes desanimarte nunca por el reto que ofrecen los cambios.

Piensa que es durante los cambios que la vida te presenta, que puedes aprovechar a cambiar aquellas cosas que sabes que debes cambiar, pero que no te habías atrevido a hacerlo. Cuando lo miras de esta forma, puedes recibir el cambio con alegría.

El cambio también te ayudará a perfeccionar la perseverancia. Recuerda que, durante toda tu carrera de estudiante, has, comprobado que con perseverancia logras terminar tus clases y aunque no fuiste la mejor estudiante en la clase de matemática, siempre ibas a la delantera en tu clase de historia y arte; y en ambos casos aprobaste las asignaturas.

Tú eres una creación de Dios, única y especial delante de los ojos de tu Padre celestial y de los míos. Eres inteligente, sensible, y posees una combinación de dones que enriquecen a todo el que te conoce. Estoy segura que lograrás adaptarte al nuevo sistema de enseñanza y podrás hacer los cambios necesarios para vencer los temores que parecen paralizar tu entusiasmo con los estudios.

Nunca has sido de las que comienzan las cosas y luego las dejan a medias; siempre has perseverado y buscado la ayuda de Dios en todos tus asuntos. En esta nueva etapa de tu vida no será diferente. El mismo Dios poderoso que estuvo contigo ayer, está contigo hoy y mañana, y al día siguiente y al próximo día y así para siempre. Recuerda que Él es tu creador y te conoce. Él te enseñará, te ayudará y podrás conquistar con perseverancia tus estudios.

Fecha

_____

Notas

_____

_____

El Camino que nos lleva al mundo de los grandes

«Mas gracias sean dadas a Dios, que nos da la victoria por medio de nuestro Señor Jesucristo».

1 Corintios 15:57

Querida hija, es natural que te sientas extraña en esta nueva etapa de tu vida como adulta. No dejes de reconocer que aunque el mundo a tu alrededor es diferente, hay presente un elemento de emoción y aventura con respecto a tu vida y tu futuro. ¡Qué sentimiento tan maravilloso y emocionante! ¡Cuánto deseaste que llegara este momento! Bueno, al fin llegó. Disfrútalo despacio, paso a paso. No quieras vivirlo todo a la vez. No desees experimentarlo todo el mismo día. Cada etapa de tu nueva vida tiene su pro y su contra y debes prepararte para ambas situaciones.

Recuerdo la primera vez que te llevé a un parque de animales donde no habían jaulas. Los animales andaban sueltos por el campo y eran las personas las que estaban encerradas y recorrían el parque zoológico dentro del automóvil. Tus ojitos miraban para todas partes, queriendo recoger con la mirada cada animal que encontrábamos. Sin embargo, lo que más te impresionó fue una jirafa que se acercó al automóvil y parecía querer hablarte y hasta darte un beso. ¿Recuerdas? Ella se acercó, con su cuello alto podía bajar su cabeza muy cerca de las ventanillas del automóvil. Sus ojos eran inmensos y te pareció un animal muy simpático.

Cuando salimos, solo hablabas de ella; no de los demás animales, sino de la jirafa, la que pareció saludarte cuando pestañeaba. Quizá porque fue la jirafa la que se acercó a ti ese día, cada vez que hablabas de tu paseo, siempre te referías a la jirafa como la atracción principal. Con ella tuviste experiencias, la viste de frente; sus ojos tropezaron con los tuyos y parecía querer darte la bienvenida.

De igual manera, piensa que esta nueva etapa de tu vida sale a tu encuentro, te mira de frente, te saluda con un guiño y te da la bienvenida. No le temas al futuro, más bien míralo como un amigo que te da la oportunidad de alcanzar el triunfo.

Fecha

_____

Notas

_____

_____

Sigue las huellas que te he dejado

Querida hija, hoy envío bendiciones sobre
ti, y estoy segura que todo te saldrá bien
en este día. Tú has sido una hija muy querida, y yo
siempre te he dado buen ejemplo moral y cristiano,
según las Escrituras. Por mi parte, extraño tus abra-
zos y tu risa. Sé que te sabes amada y apreciada
por todos en la familia, y sé que seguirás las buenas costumbres en las que fuiste criada.

Hay una anécdota que me ayudará a explicar-
te mejor lo que mi corazón desea compartir contigo.

¿Sabías que en la antigüedad los indios del
continente americano enseñaban a sus hijos varones a cazar? Ellos iban por los bosques señalán-
doles a sus hijos las huellas que dejaba cada animal a su paso.

«Estas huellas son de lobo, y estas de venado,
y estas de pantera, y estas de serpiente...»

Padre e hijo caminaban juntos por la selva; el
padre le enseñaba a su hijo cómo cazar y el hijo

aprendía de su padre lo indispensable para sobrevivir en su mundo.

Hoy en día, los padres modernos no enseñan a sus hijos cómo sobrevivir en la selva, pero sí enseñamos cómo sobrevivir en un mundo en el cual la maldad va en aumento.

Amada hija, recuerda todo lo que has aprendido de mí, las normas morales y los principios espirituales que te mantendrán siempre por caminos seguros en tu andar por la vida. Recuerda los consejos que te he dado a través de los años y síguelos. Sé prudente, cuídate de los extraños, desarrolla buenas amistades y sobre todo sigue dando el buen ejemplo moral y cristiano que has practicado hasta el presente.

Fecha

_____

Notas

_____

*Es mejor preguntar
a tiempo, que
cometer errores*

*«Si alguno de vosotros tiene falta
de sabiduría, pídala a Dios, el cual da
a todos abundantemente y sin reproche,
y le será dada».*

Santiago 1:5

Querida hija, hoy deseo escribirte sobre la importancia de la buena administración económica. En los tiempos en que vivimos es necesario saber administrar bien las finanzas, para evitar carecer de lo que realmente es importante.

Cuando no se tiene experiencia sobre el manejo del dinero, todos tenemos la tendencia a usar el dinero que tenemos sin reflexionar si lo que vamos a comprar es en realidad necesario, ni considerar que más adelante, con ese mismo dinero, tendremos que pagar obligaciones previamente adquiridas.

Hasta ahora no has tenido necesidad de trabajar porque tus necesidades siempre estuvieron cubiertas por nosotros. Pero de ahora en adelante las cosas van a cambiar, y tú tendrás que trabajar para ayudar a cubrir tus gastos.

Al principio sé que cometerás errores por tu falta de experiencia, pero deseo que te sientas libre para hacer preguntas cuando tengas dudas antes de tomar una decisión. La buena comunicación y la disposición de dejarte guiar son indispensables para evitar mayores daños e incluso errores irreparables.

La hija sabia aprende de su madre. Este modelo de la madre, y la disposición de aprender de la hija, es la mejor manera de enseñar experiencias, evitando así el sufrimiento causado por la equivocación. Este es el deseo de toda madre con su hija, de toda maestra con su discípula, de todo aquel que ama y desea que ese ser amado no sufra, ni pase por los apuros que uno pasó.

Hay un refrán que dice: «Nadie aprende en cabeza ajena». No obstante, yo te digo: aprovecha todo lo que puedas aprender por cabeza ajena. Oro a Dios por ti, y espero que ese refrán nunca sea verdad en tu vida.

Fecha

_____

Notas

_____

_____

Admira
la creación de Dios

*«Tú formaste mis entrañas; tú me hiciste
en el vientre de mi madre ... Mi embrión
vieron tus ojos, y en tu libro estaban escri-
tas todas aquellas cosas que fueron luego
formadas, sin faltar una de ellas».*

Salmo 139:13,16

Querida hija, hoy estaba sentada frente al mar meditando en la cantidad de vida que contiene el mismo. Peces, crustáceos, moluscos, corales, bacterias... tantas diferentes clases de vida. Algunas de estas se ven a simple vista, pero otras no el ojo humano no puede percibirlas por ser microscópicas.

Sin embargo, hay algo que todos estos seres tienen en común: todos necesitan oxígeno para vivir. Lo maravilloso de este mundo submarino es el descubrir cómo ellos pueden respirar debajo del agua.

¡Qué mecanismos tan ingeniosos son sus sistemas de respiración! ¿Cómo pueden sacarle el oxígeno al agua? Este mundo lleno de misterios para mí es una maravillosa inventiva del gran Creador. Tan solo un Dios como el nuestro podría crear cosas tan hermosas, tan variadas y tan coloridas e interesantes. Sin embargo, la corona de la creación fue la creación del hombre. Es la única criatura que puede pensar con razonamiento, inteligencia, inventar cosas, leer, escribir y adorar a su Creador. Dios lo ha llamado amigo, hijo, su imagen y semejanza.

Tú, hija mía, eres una hermosa creación de Dios. Eres única y especial. Eres un don de Dios para este mundo y para mí, tu madre. Tú has llenado mi corazón de alegría e ilusiones, y a través de tus ojos descubro cosas maravillosas.

Antes de ser concebida, Dios te pensó con cuidado, y nosotros te deseamos con amor. Una excelente combinación que trajo como resultado a la mejor hija del mundo. El maravilloso don divino de tener una hija nos fue otorgado e hicimos fiesta en casa.

Fecha

_____

Notas

_____

_____

Cuidado con el enemigo que está oculto

«Porque ¿qué aprovechará al hombre, si
ganare todo el mundo, y perdiere su alma?
¿O qué recompensa dará el hombre
por su alma?»
Mateo 16:26

Querida hija, sentada en la arena de la playa y viendo a las gaviotas volar sobre el mar, me maravillé al ver cómo descubrían al pececito que sería su almuerzo del día. Volando a veinte o treinta pies sobre el mar, ellas podían ver a un pez que estaba nadando en el fondo del océano. Cuando localizaban a uno, se lanzaban en picada, lo tomaban y el resto es cuento comido.

Hija, permíteme ahora una locura; colocándome en el lugar del pez, me lo imagino nadando despreocupado, mirando a su alrededor paisajes indescriptibles creados por los rayos de luz que se reflejan en un día tan hermoso como el de hoy. El pececito está contento al comprobar que no hay enemigos a su alrededor.

¡Qué alegre debe sentirse! Sin embargo, de repente, sin esperarlo, sin estar preparado para ello, ni sospecharlo, lo toma el enemigo. Ves, él nunca consideró que podía venir un animal que vivía fuera de su mundo, que lo sacaría del mismo y encontraría su fin.

De igual manera Jesús nos advierte de la necesidad que tenemos de vivir cada día para Dios. De no involucrarnos de tal manera en las cosas de este mundo que ya no haya espacio para la participación de Dios en el nuestro. Tú ves, el mundo espiritual afecta al mundo natural.

Siempre, dentro de nuestros planes, debe haber lugar para Él. El profeta Isaías (58:8) nos dice que cuando una persona busca a Dios de todo su corazón, Él (Dios) se compromete a guardar su espalda. Luego en el libro de Efesios (6) encontramos la armadura de batalla que Dios nos provee para el resto del cuerpo. De esa manera, ni siquiera nuestro enemigo, que está fuera de este mundo, podrá hacernos mal.

Fecha

_____

Notas

_____

_____

Huye de los excesos

«¿Con qué limpiará
el joven su camino?
Con guardar tu palabra».

Salmo 119:9

Querida hija, en estos días ha llovido mucho en la ciudad y de seguir así, se esperan inundaciones. La lluvia es muy necesaria. Sin embargo, demasiada lluvia trae muerte y destrucción, pero una cantidad prudente hace crecer la vegetación a nuestro alrededor. Todas las cosas en exceso son malas, y es de esto que deseo escribirte hoy mi amada hija. Hay que vivir la vida con mesura, con buen juicio, sin excesos. Lo podemos ver en la naturaleza, y también lo vemos en las personas que sufren de glotonería y terminan con dolor de estómago.

Tal parece que Dios también quiere comunicar este mensaje por medio del balance que demuestra Su creación. Mira al mar, por ejemplo. Él obedece a un límite establecido por Dios y las olas mueren en la orilla. Aun el mar, con su fuerza, obedece a Dios.

¿Y qué de los astros? El sol sale por el este y se pone por el oeste, siguiendo la orden que fue dada por Dios desde el principio. Siendo el sol mucho más grande que la tierra, no cambia su distancia de nuestro planeta, ni sale cuando se le antoja, ni por donde se le antoja. ¿Te imaginas un mundo sin orden? Un mundo donde amaneciera un día hermoso, soleado y tú decidieras que ese día era uno perfecto para salir de paseo. Te levantas, lo preparas todo y, ya de camino, al sol se le antoja irse y regresar en dos horas... no se pueden hacer planes... todo se vuelve oscuro... ¡un caos!

Amada hija, de igual manera cuando caminas en excesos, tu vida se convierte en un caos. La falta de orden impide el progreso en tu vida, y en lugar de edificar tu futuro, este termina desmoronándose. Lo más triste es que los excesos no tan solo te afectan a ti, sino que con frecuencia afectan también a aquellos que están a tu alrededor y te aman.

Parte esencial de la madurez y compañera de la sabiduría es la mesura. Ella limpiará tu camino. Deja que esta participe en todas las esferas de tu vida, y te irá bien.

Fecha

_____

Notas

_____

_____

Guarda tu corazón del rencor

«Porque donde hay celos y contención, allí hay perturbación y toda obra perversa».

Santiago 3:16

Querida hija, hoy me encontré con un niño que no hacía más que refunfuñar. Se notaba que estaba molesto y no escondía su mal humor y disposición agresiva. En ese momento no pude evitar que mi mente viajara varios años atrás, y recordé la ocasión en que un niño de siete años, con serios problemas emocionales, te empujó de una altura de doce pies, hacia el vacío. Para ese entonces tenías tres años de edad. Corrí a tu lado y comencé a hacerte preguntas para saber exactamente cómo habías caído, dónde te habías golpeado, si podías moverte, hablar, mirarme...

Te tomé en mis brazos, te abracé y llené tu carita de besos, mientras me asegurabas que estabas bien. ¡Qué momento de angustia! Pero, ¡qué momento de alivio al ver que reaccionabas bien!

Mi primera reacción fue la de buscar al niño y saldar cuentas con él. Sin embargo, al hablar con él, comprendí que el odio y la violencia en el corazón de ese niño tan pequeño no provenía de él, y mi hija era tan solo una víctima de la frustración depositada en ese joven corazón.

Este niño hizo lo que haría cualquier niño de siete años con lo que había recibido. Él no tenía ni la capacidad mental, ni la madurez para entender que tal agresión podía tener consecuencias fatales. Comprendí que yo no podía exigirle una explicación que él mismo no tenía. Y esto me enseñó que una persona tan solo puede dar lo que tiene.

Hija mía, recuerda el pasado y aprende del mismo. Guarda tu corazón del rencor y la amargura. No permitas que en tu mente se alojen sentimientos de venganza. Esos sentimientos hacen estragos en los pensamientos y emociones de las personas que los anidan, y luego se manifiestan produciendo destrucción a su alrededor. Lo único que provocan tales pensamientos son malas decisiones, imprudencias y desgracias.

Fecha

_____

Notas

_____

_____

*Jesús, hay algo
especial sobre ese nombre.*

≈

«He aquí que yo les traeré sanidad
y medicina; y los curaré,
y les revelaré abundancia
de paz y de verdad».
Jeremías 33:6

Querida hija, recuerdo aquel domingo en la tarde, cuando todos en la familia estábamos descansando en casa, ya de regreso de la iglesia. Había sido un día hermoso lleno de paz y alegría. Había llegado el momento del descanso, pero el mismo no duraría mucho porque, de repente y sin motivo aparente, viniste hasta donde yo estaba y algo en tu mirada me dijo que algo muy malo te estaba pasando. Te comencé a hablar y sentía como si estuvieses alejándote por un camino invisible, del cual no podía sacarte.

Asustada, llamé a tu papá y él, al verte, oró y se fue de inmediato contigo al hospital. Para cuando yo llegué a la sala de emergencias, estabas acostada en una camilla y tu padre me susurró que no podías mover tu lado derecho. No sabíamos si podías vernos, ni escucharnos; en realidad, no teníamos idea de lo que pudiera estar sucediendo.

Mi corazón de madre, lleno de amor y compasión por mi pequeña hija, tan dulce, tan inocente, se volvió una fuerza poderosa. Estaba dispuesta a luchar contra aquello invisible, pero de lo que veía sus nefastas consecuencias en mi pequeña. Comencé a orar, y oré con todas las fuerzas de mi alma, clamando a mi buen Jesús por un milagro. Ese maravilloso Salvador que siempre había venido a mi auxilio.

No sé cómo ni cuándo comencé a cantar tu canción preferida; esa que siempre te cantaba a la hora de dormir... «Jesús, Jesús, Jesús, ¡hay algo especial sobre ese nombre! Maestro, Salvador, Jesús, ¡como la fragancia después de la lluvia! Jesús, Jesús, Jesús, ¡que todo el cielo y la tierra proclame! Reinos y reyes todos pasarán, ¡pero hay algo especial sobre ese nombre!»

Mis ojos estaban nublados por las lágrimas, pero mi amor por ti me hacía fuerte para enfrentar el momento. Y cuando terminé de cantar, abriste tus ojos, pudiste moverte y más tarde ese día regresamos a casa. Ese día supiste que eras muy amada por tus padres, pero que Jesús te amaba mucho más. ¡Gracias, Jesús!

Fecha

_____

Notas

_____

_____

Escoge una buena brújula como guía infalible

«Jesucristo es el mismo ayer,
y hoy, y por los siglos».
Hebreos 13:8

Querida hija, las personas usan la brújula para saber dónde está el norte y así orientarse en su viaje. Sin embargo, el saber guiar la vida por el buen camino no siempre es tan fácil. ¡Hay tantas personas que buscan una guía para sus vidas sin encontrarla!

Están quienes van a espiritistas, confiando que esa «médium» no se equivoque y logre ponerse en contacto con un espíritu «bueno» que le revele el futuro para tomar buenas decisiones y evitar errores. Otros corren a una persona que les «tire» las cartas deseando saber qué les depara el futuro.

Hay quienes buscan en los astros la respuesta de cómo deben vivir sus vidas. Estos opinan que los astros, que están a años luz de distancia, tienen el poder de afectar sus vidas; así que deducen que si logran descubrir cómo estos objetos (que no piensan) pueden afectarles, ellos tendrán una ventaja para manipular situaciones o personas y salir triunfantes.

Hija mía, tú no perteneces a ninguno de esos grupos. Tú has tenido experiencias personales con un Dios vivo, quien se manifestó a los hombres en la persona de Jesús. Por amor a ti, Jesús murió en la cruz siendo inocente, pagó el precio de sangre exigido para el perdón de pecados. Tú has recibido ese perdón y has sentido la maravillosa emoción de sentirte limpia de culpa delante de Él, de sentir su amor y perdón.

Lo maravilloso de esta relación es que no fue una experiencia aislada, sino que es una experiencia continua. Jesús a diario está contigo para escuchar a tu corazón, responderte y guiar tu vida.

Esta es una guía segura que no proviene de un té, caracoles, ni planetas remotos. La guía que ofrece Jesús va acompañada de su continua presencia. Él prometió nunca alejarse de ti; pero lo más maravilloso de todo esto, es que los astros cambian, los adivinos cambian, los tés o caracoles cambian, pero Jesús, su amor y cuidado por ti, ¡nunca cambia!

Fecha

_____

Notas

_____

_____

¿Para quién es el premio final?

«Porque así dijo Jehová, que creó los cielos;
él es Dios, el que formó la tierra,
el que la hizo y la compuso; no la creó en
vano, para que fuese habitada la creó».

Isaías 45:18

uerida hija, tenías siete años de edad cuando ganaste tu primer premio de arte. El colegio al que asistías participó en una competencia de dibujos, y el tuyo fue enviado a participar en el concurso junto a muchos más de toda la ciudad. ¡Cuál fue nuestra sorpresa el día que regresaste del colegio con una nota de la maestra informando que tu obra había ganado el primer premio y que sería expuesta en una de las Galerías de más prestigio de nuestra ciudad!

El día de la exhibición, toda la familia fue a ver tu obra y qué alegría sentiste cuando viste una hermosa medalla que estaba colocada junto al cuadro, que anunciaba a todo el que pasaba que esa era la mejor. Tu rostro brillaba de orgullo y la sonrisa no se iba de tu boca. Toda la familia se sentía orgullosa y contenta con tu logro.

Yo siento una alegría similar cuando me detengo a ver las obras de arte que se encuentran en las maravillas de este mundo creado en especial para nosotros. Todo tan ordenado, tan hermoso, tan útil. ¿Sabes?, en especial me deleito mirando las flores del jardín. Cada una tiene su propia belleza, tonalidad y fragancia. Yo diría que si se pudiera dar un premio universal por la belleza, Dios se lleva el número uno. Y, en su buen sentido del humor, ha hecho de su creación toda una galería para que podamos disfrutarla cuando queramos porque vivimos en ella. Me imagino que Dios disfruta viendo nuestro rostro sonriente cuando admiramos su creación; al igual que tú, hija, disfrutabas cuando nosotros admirábamos tu obra de arte. Al final, ¿quién recibe el mejor premio, el creador o el admirador de la obra?

Fecha

_____

Notas

_____

_____

Hay vida después de la muerte

*«Yo soy la resurrección
y la vida; el que cree en mí,
aunque esté muerto, vivirá».*

Juan 11:25

Querida hija, sé que hoy es un día triste para ti, porque fue en un día como hoy que falleció uno de tus mejores amigos. Conozco las horas que pasabas con él en el hospital dándole ánimo, o las muchas veces que lo llamabas por teléfono para saber cómo había pasado su día.

La leucemia es una enfermedad muy traicionera, no respeta edad, ni sueños sin realizar. Todos orábamos por el joven, confiando que pudiera haber un milagro como tantos otros que hemos presenciado... pero en este caso el milagro no llegó como nosotros esperábamos.

Tu amigo recibió el milagro de nacer de nuevo, de ser transformado en una nueva criatura, en ser hecho hijo de Dios, cuando Jesús tocó a la puerta de su corazón. El ánimo del muchacho cambio notablemente. Desde ese día, sucedió otro milagro. Su rostro parecía estar iluminado por una luz que emanaba de adentro. Su sonrisa se asomaba con más frecuencia a sus labios y demostraba una paz que asombraba a todos. Sí, seguía enfermo, pero nació dentro de él una tranquilidad que contagió a sus padres y amigos.

Su muerte fue otro milagro. Murió tranquilo, mirando hacia un mundo invisible para nosotros y hablando con Jesús... pero antes de dejar para siempre su cuerpo enfermo, hizo una pausa, y con una sonrisa le dijo a sus padres: «Ahora me tengo que ir, pero estoy bien».

Tu amigo salió de este mundo hacia un mundo real, superior, más hermoso, sin tristezas ni enfermedades, ni dolor, ni lágrimas. Él sigue vivo y, donde está, nosotros iremos también.

Es lógico que lo extrañes, que sientas tristeza por su ausencia, pero cuida que tu tristeza no opaque la realidad de que él, en otro mundo, sigue vivo y está bien.

Fecha

_____

Notas

_____

_____

No pases por alto los momentos importantes de tu vida

«Así que no os afanéis por el día de mañana, porque el día de mañana traerá su afán. Basta a cada día su propio mal».

Mateo 6:34

Querida hija, hoy recordé esa famosa frase en latín *carpe diem* que quiere decir «Atrapa el día». Y esta frase es famosa porque en ella se encierra una verdad muy grande.

Hija, no hay nada más preciado e imposible de recuperar que el día de hoy. Mi papá siempre me decía: «El tiempo perdido, ¡hasta el diablo lo lloró!»

Lo que hagas en el día de hoy, afectará el resto de tu vida. No debes cargar tus espaldas con preocupaciones por el día de mañana, pues el día de hoy trae su propio afán, luchas, retos, alegrías y tristezas. Sin embargo, esta frase está llena de esperanza. Da a entender también que cada día trae cosas maravillosas, y debes estar alerta para reconocerlas y que no se te escapen.

Carpe diem. Lo que logres atrapar en el día de hoy, se quedará contigo por breves segundos, los suficientes como para que tú los uses y luego, con el tiempo, seguirá su camino. Si lo llegas a usar, lo podrás guardar en tu corazón y tus recuerdos. Por ejemplo, una hermosa rosa, la ves, la reconoces, la pones en un florero y la disfrutas por un par de días... y luego, queda el recuerdo de aquel día en que, con tu vista, disfrutabas la belleza de la rosa y podías oler su fragancia. Ese perfume se queda en tu recuerdo para siempre.

Carpe diem puede ser una amistad, el poder hacerle el bien a otra persona. La oportunidad es breve para tomar la decisión si lo haces o no. Si no lo haces, perdiste la oportunidad. Pero si «Atrapas ese momento» y decides hacerle un bien a otra persona, has logrado que la presencia de ese momento tan breve se siga sintiendo en el futuro, mientras esa persona disfruta del bien que le hiciste.

Carpe diem. Cada día tenemos la oportunidad de escuchar de Dios. Has silencio por unos momentos en el día de hoy y escucha... adóralo... y obedécelo.

Fecha

_____

Notas

_____

_____

Una posición clave en la familia

«Honra a tu padre y a tu madre, para que tus días se alarguen en la tierra que Jehová tu Dios te da».

Exodo 20:12

Querida hija, hoy deseo hablarte sobre la importancia de una madre, ya que tú algún día serás madre. Pienso que toda madre que tiene la bendición de poder tener una hija, debe sacar el tiempo para darle consejos que ella pueda usar luego en su caminar por la vida como mujer.

Desde pequeña practicabas el papel de mamá. Jugabas con muñecas y muchas veces trataste de hacer las veces de mamá con tu hermano. Luego, de adolescente, comenzaste a fijarte en los muchachos. En medio de ese tiempo de coqueteo, risas e ilusión, buscabas de mí los consejos que te ayudarían a organizar ese nuevo mundo al que estabas entrando y en el cual experimentabas tantos momentos agradables y otros no muy agradables. Nosotras hablábamos y luego te sorprendía dándoles los mismos consejos a tus amiguitas.

Mi hija, cuando llegues a tener una relación formal con un joven, no puedes dejar pasar la oportunidad de conocer a su mamá. La madre es esa pieza necesaria para poder completar la opinión sobre el joven. Debes hacerte la pregunta, ¿cómo trata él a su mamá? Ese trato te revelará la medida de respeto que siente él por una buena mujer.

Y el día que tengas hijos, y ellos se comporten mal, los mirarás con los ojos del amor de madre, que tan solo ve al hijo o la hija y excusa su travesura.

Ya no eres una niña, ni una adolescente, ya eres toda una mujer. Algún día descubrirás que aun cuando una hija llegue a tener más de treinta o cincuenta años, la madre no verá a la mujer canosa que llama hija, sino por el contrario, con sus ojos de madre, todavía verá a aquella pequeña que mecía de noche para dormirla. Y en esos momentos, aun el amor de madre estará presente.

Nunca olvides, hija, que el amor de una madre es una de esas cosas que nunca se acaba, ni se cansa, ni se pierde. El amor de una madre, acompaña a la hija hasta la eternidad.

Fecha

_____

Notas

_____

_____

El secreto
de los estímulos

*«Así que, todas las cosas
que queráis que los hombres hagan
con vosotros, así también
haced vosotros con ellos».*

Mateo 7:12

Querida hija, hoy he estado pensando en la importancia de saber relacionarse bien con los demás. He llegado a la conclusión de que esto es algo de gran trascendencia en la vida, y quiero comentarte mis pensamientos al respecto.

Para vivir una vida fructífera tenemos que aprender a relacionarnos con las personas a nuestro alrededor. Tus relaciones con los demás pueden ser de dos tipos: buenas o malas. Obviamente, todos deseamos desarrollar buenas relaciones con las personas, pero no siempre lo logramos. Sin embargo, en nuestro esfuerzo por lograrlo, debemos considerar un principio que está a nuestro alcance: el del estímulo.

Cuando nosotros halagamos a una persona, le ofrecemos una sonrisa, una caricia, la estimulamos a una actitud amigable. Un ejemplo de esto es cuando un novio o esposo le toma la mano con cariño a su amada; ella de inmediato sonríe y busca sus ojos con cariño. Cuando la madre acaricia la cabeza de su hijo, este procura acercarse más a ella. En ambas ocasiones la reacción será de agrado y cualquier barrera de tensión se tambalea y cede a tales estímulos.

Pero, si por el contrario, le hablamos mal a alguien con gritos y manoteos, o si tratamos a un hijo a tirones, los sentimientos que se provocarán en ambas ocasiones serán de rencor, de miedo y resultará en una reacción negativa y agresiva, causando que la otra persona se ponga a la defensiva. Es cierto que una relación no depende en su totalidad de estímulos, pero también es cierto que los estímulos tienen un gran efecto en ellas.

Procura siempre, mi amada hija, que la clase de estímulo que estés provocando en las demás personas sea uno positivo, lleno de dulzura y sabiduría, que fortalezca la relación y edifique a la persona. Así lograrás amistades duraderas.

Fecha

_____

Notas

_____

_____

Nadie puede detener el tiempo

«Andad sabiamente
con los de afuera,
redimiendo el tiempo».
Colosenses 4:5

Querida hija, a veces pensamos que tenemos todo el tiempo del mundo para hacer las cosas que debemos. Sin embargo, alguien me dijo en una ocasión que el planeta Tierra gira en sí mismo a una velocidad de 1.609 km/h. Esto me hizo pensar que, visto desde esa perspectiva, el tiempo pasa bastante rápido.

Hay un antiguo adagio que dice: «No dejes para mañana lo que puedas hacer hoy». Y es cierto, si lo puedes hacer hoy, ahora, ya no tienes el peso de la obligación colgando de tu cabeza, presionándote para que «acabes de hacerlo». Cuando lo terminas de hacer, sientes gran satisfacción.

Es cierto que podemos hacer lo que queramos, cuando queramos; sin embargo, la mujer sabia ordena su mundo y no pospone las cosas que sabe que tiene que hacer y de esta manera logra avanzar. En esta época de tu vida, tu meta es terminar tus estudios.

A la hora de los estudios, es muy importante hacer las cosas a tiempo. Hay personas que tienen la habilidad de asistir a clases, no estudiar en la casa y sacar buenas notas en los exámenes. Tienen memorias privilegiadas o, como algunos las llaman, fotogénicas. Pero mi amada hija, las personas así son muy pocas.

Vuelvo a decirte con amor mi consejo en cuanto a los estudios: no pospongas los repasos de cada clase. Si cada día después que sales de las clases le dedicas el tiempo necesario a hacer las tareas y añades tiempo para repasar lo que se dio ese día en la clase, ese conocimiento que acaba de llegar a ti, se fijará en tu memoria y descubrirás en ese momento si entendiste lo que se dijo o no. Si cada día repasas la clase de ese mismo día, cuando lleguen los exámenes, el estudio te será mucho más fácil y sacarás una de las mejores notas en la clase.

Fecha

_____

Notas

_____

_____

Ir a la iglesia es algo más que una costumbre

> «Y considerémonos unos a otros para
> estimularnos al amor y a las buenas obras;
> no dejando de congregarnos, como algunos
> tienen por costumbre».
>
> Hebreos 10:24-25

Querida hija, no te dejes de congregar como algunos tienen por costumbre. Yo entiendo que tu nueva vida puede complicarse con los estudios, nuevas amistades y obligaciones. Pero siempre debemos apartar el tiempo de Dios como algo sagrado. Tiempo para tener tu devocional en la mañana y en la noche, y tiempo para ir a la iglesia los domingos. Tiempo donde puedes dar de ti a otros, de lo mucho que has recibido de Dios.

Nunca olvides que Dios tiene un plan diseñado para tu vida, allí donde Él te ha puesto. Ten presente cuando Él sopló en tu vida su encomienda, y te dijo que fueras y cumplieras con tu destino, ese destino que descansa en sus manos. La predicación no se hace tan solo con palabras, sino con tu estilo de vida. Puede que seas la única Biblia que muchas personas conocerán, y esto, dondequiera que te encuentres, te hace un ministro a tiempo completo.

Ministro no es tan solo el pastor, ni aquel que predica de iglesia en iglesia. En realidad, todo aquel que conoce a Jesús de manera personal se convierte en un ministro del evangelio, de las Buenas Nuevas, y tienes un llamado a regar las buenas noticias a un mundo que se pierde.

La trampa favorita del diablo es hacerte creer que puedes ser cristiana sin tener necesidad de ir a la iglesia. Como cristianos, el ir a la iglesia es un privilegio y un gozo. Es un mandato del Espíritu Santo. La iglesia es un lugar en el que se recibe fortaleza, edificación, sanidad, palabras de sabiduría, de direc- ción, compañerismo con otros que creen igual que tú, y muchas otras bendiciones. Siempre debes esperar ese momento con entusiasmo y no permitir que sea comprometido por nada ni por nadie.

Recuerda que en la iglesia la carrera del mundo se detiene y puedes pensar en lo más valioso que posees, tu alma.

Fecha

_____

Notas

_____

_____

Necesitas tener cuidado en tu caminar por la vida

«Porque ni del oriente, ni de occidente, ni del desierto viene el enaltecimiento [la promoción]. Más Dios es el juez».
Salmo 75:6-7

Querida hija, es bueno tener aspiraciones en la vida, pero es mejor saber cómo alcanzar las metas que te has trazado para lograr tus sueños. Hay personas que con tal de subir por la escala del trabajo, de los estudios, de clases sociales o financieras, echan a un lado todo tipo de escrúpulos en sus vidas, se olvidan de la ética y el pudor o la medida. Estas personas no titubean en pisar cabezas como si fueran escalones de una escalera para subir y subir porque están obsesionadas, no se sacian y siempre quieren cada vez más.

Tú, hija mía, no has aprendido eso de nosotros, nunca lo has practicado, y oro para que nunca cedas a la tentación de hacerlo. Siempre has demostrado ser consciente de no ofender a otras personas, ni hacer cosas indebidas. No importa si hay personas a tu alrededor que no dudan en usar a los demás para lograr sus propósitos, o mienten y crean circunstancias para tomar ventajas de la situación. Tú nunca has participado de tales artimañas.

Sé que nunca has desacreditado a otra persona para tomar ventaja. Nunca te has lanzado a una oportunidad sin pesar las consecuencias al hacerlo. Hija mía, para subir en la vida y lograr éxito solo necesitas ser honesta, trabajadora y depositar tu fe en Dios. Reconoce que la autoridad y la bendición provienen de lo alto. Mi amada, no olvides tu confianza en un Dios superior, todopoderoso, magnífico y justo, que tiene su mirada puesta en ti para darte las bendiciones que Él te tiene preparadas.

Y Jesús, como Dios sabio, siempre te dará aquello que puedas manejar, cuidar y multiplicar. Nunca olvides este consejo que te adornará con el respeto y la admiración de los demás.

Fecha

_____

Notas

_____

_____

*Solo se puede dar
lo que se tiene*

«*Pero lo que sale de la boca,
del corazón sale*».
Mateo 15:18

uerida hija, no podemos decir que somos
una cosa si no damos muestra de ello.
Por ejemplo, no podemos decir que tenemos amor,
si no sabemos dar amor. No podemos decir que
somos caritativos, si no sabemos darle al necesita-
do. No podemos decir que somos compasivos, si
no nos detenemos para darle un abrazo a quien lo
necesite.

Se dice que nadie puede dar de lo que no tiene. No se le puede pedir a un árbol de mango, que
dé aguacate; como tampoco se le puede pedir a
un rosal que dé jazmines. Cada uno de nosotros
da de lo que posee. Cuando son cosas materiales,
damos lo que tenemos en reserva. Cuando son cosas
espirituales, tan solo podemos dar de lo que tenemos en nuestro corazón.

Es por eso que resulta tan importante que vigi-
les las cosas que entran a tu corazón, porque luego
saldrán. Dependiendo de lo que entre, tendrás
cosas que producirán vida o muerte; maldición o
bendición. La Biblia asegura que del corazón

mana la vida. Hay palabras que dan vida, y estas proceden del corazón; pero también hay palabras que producen muerte y esas también salen del corazón.

La sociedad castiga a aquellos que matan el cuerpo, pero no hacen cárceles para aquellos que matan con calumnias, el carácter y la reputación de los demás.

Jesús les dijo a los escribas y fariseos que el comer con las manos sin lavar no contamina al hombre; pero cuando el hombre deja que de su corazón salgan por la boca los malos pensamientos, adulterios, hurtos, blasfemias y cosas semejantes, este hombre está demostrando que su corazón está lleno de maldad y por más que diga él que es bueno, nadie se lo creerá.

Es por eso mi hija amada que te ruego que medites siempre en tus palabras antes de que salgan de tu boca. Vigila que sean agradables a Dios y a las personas que te aman. No olvides que cada palabra que dices es como vitrina donde el que las escucha puede mirar adentro de tu corazón.

Fecha

_____

Notas

_____

Tu servicio dentro de la iglesia

«Habiendo purificado vuestras almas por la obediencia a la verdad, mediante el Espíritu, para el amor fraternal no fingido, amaos unos a otros entrañablemente, de corazón puro».

1 Pedro 1:22

Querida hija, vuelvo a presentarte en este día la importancia de asistir a la iglesia. No tan solo debes asistir, sino que debes decirles a los líderes que tú estás asistiendo a esa iglesia y tratar de ayudar en ella. Debes también desarrollar amistades en la iglesia; buscar grupos donde puedas compartir con personas de tu misma edad o que tengan tus mismos intereses.

No olvides también la importancia de dar de ti a otros. Hay muchas personas que solo van a la iglesia para recibir. Estas personas llegan, comienzan a pedir, y recibir, y en ocasiones hasta exigen, pero cuando llega el momento en que por alguna razón ya no se le puede seguir dando... se alejan de la iglesia hablando mal de sus líderes y de sus miembros. Es fácil buscar defectos en los demás para obviar los defectos de uno mismo. Es más fácil la crítica que la corrección propia.

Hija mía, tú no seas así. No dejes de ir a la iglesia, no dejes de buscar diligentemente de Jesús y su Palabra cada domingo; pero tampoco dejes de ser diligente en ofrecerles a otros los dones que Dios ha puesto en ti.

Yo sé que entre tus muchos dones está el de cantar, el drama, el tocar guitarra, el de ministrar a los niños, en fin, yo te he visto usar esos dones una y otra vez con gran éxito. No dejes la práctica de los mismos en el pasado. Allí donde Dios te ha puesto, ofrece tus dones y bendice a otros con ellos. Eso es parte del verdadero amor al prójimo. No te olvides mi amada hija, que la iglesia es como un rompecabezas y en ella ni sobran piezas, ni hay piezas de repuesto, todas tienen su lugar y ocupan un lugar importante.

Fecha

_____

Notas

_____

_____

¿Cuál sabiduría vas a elaborar?

*«Sin embargo, hablamos sabiduría
entre los que han alcanzado madurez ...
sabiduría de Dios en misterios,
la sabiduría oculta, la cual Dios predestinó
antes de los siglos para nuestra gloria».*

1 Corintios 2:6-7

Querida hija, hoy deseo hablarte sobre dos tipos de sabiduría. Hay una sabiduría que viene de lo alto y otra de este mundo. Ambas son sabiduría, pero lo que diferencia la una de la otra es dónde cada una pone su énfasis.

La Biblia afirma que el conocimiento aumentará en los últimos días. Dicen las estadísticas que cada dos años se duplica el conocimiento en las ciencias modernas. Este escalar del conocimiento del hombre demuestra que estamos viviendo esos días que vio siglos atrás el profeta Daniel.

El conocimiento y la sabiduría tienen una estrecha relación entre sí, y con la unión de ambos se afecta la dirección del hombre, acercándolo a Dios o alejándolo de Él. Según unas estadísticas con las que tropecé, las generaciones de las décadas de 1940 y 1950 profesaron la fe de Jesucristo en un 60%; a diferencia de la generación de la década de 1990, donde tan solo un 4% ha profesado la fe cristiana. ¿A qué se debe esto?

Pienso que el aumento del conocimiento, las muchas opciones de estilo de vida, unido con la comodidad del mundo moderno, ha hecho de la seducción que usa la sabiduría de este mundo, una fuerza más potente, que entretiene y seduce con engaños la necesidad que el hombre tiene de Dios.

Sin embargo, mi hija, nosotros, los que reconocemos que tenemos una genuina necesidad de Dios, podemos enfrentarnos a estas grandes fuerzas que luchan por alejarnos de Él y vencerlas. ¿Cómo? Ante todo, debemos siempre pedirle al Señor que nos dé su sabiduría, la que fluye de su trono; esa sabiduría puede discernir entre lo que agrada a Dios y lo que no le agrada; entre lo que proviene de Él y lo que no. Esa es la sabiduría superior que puede dirigir nuestros pasos por el camino seguro, hacia la bendición y la victoria. Si Dios te ofrece su sabiduría, es porque está a tu alcance. ¡Tómala!

Fecha

_____

Notas

_____

_____

¿En qué mundo vives?

«*A Jehová he puesto siempre
delante de mí; Porque está a mi diestra,
no seré conmovido*».

Salmo 16:8

Querida hija, estamos en este mundo, pero no somos de este mundo. Ese es uno de los principios básicos del cristianismo. Sin embargo, es una realidad que tenemos que vivir en este mundo y, al vivir en este mundo, tenemos que hacer muchas de las cosas de este mundo. También es cierto que aunque estamos en el mundo, podemos distinguirnos en muchos aspectos de aquellos que no conocen ni practican las enseñanzas de Jesús, y muy a menudo damos por sentado que somos diferentes. Pero te sorprenderá, como a mí, saber que hay estadísticas asombrosas que te pueden hacer reconsiderar esta aparente posición de nuestra obvia diferencia ante la sociedad.

Has escuchado a tu papá siempre decir, que el enemigo de nuestras almas, al no poder evitar que seamos cristianos, va a tratar por todos los medios que seamos malos cristianos. El diablo ha dado la orden en su mundo de tinieblas de esparcir seducción y sutilezas para hacer tambalear a gran parte de los cristianos en los tiempos en que vivimos. De esa manera piensa lograr que la iglesia en lugar de actuar diferente al mundo, ruede con él. Deseo darte algunos de estos datos asombrosos.

Categoría	No Cristianos	Cristianos
Ven programas reconocidos por su doble sentido	24 %	19 %
Donan dinero a organizaciones no lucrativas	48 %	47 %
Divorciados	23 %	27 %
Voluntarios para ayudar	27 %	29 %
Hacen ejercicios	63 %	59 %
Usan medicina para cualquier cosa	8 %	7 %
Influyen la opinión ajena	49 %	47 %
Presentan demandas en el tribunal	4 %	3 %

Como ves, en estos días parte de la iglesia refleja poca diferencia en su contraste con el mundo. Esto debe abrir tus ojos y poner un mayor énfasis en marcar bien tus pasos como cristiana.

Fecha

_____

Notas

_____

Un momento «kairos»

«Más a Dios gracias,
el cual nos lleva
siempre en triunfo
en Cristo Jesús».
2 Corintios 2:14

Querida hija, ¿sabías que la palabra griega para expresar momentos que definen la vida de una persona o una nación es la palabra *«kairos?»* Los griegos usaban esta palabra porque entendían que en la vida de cada persona había varios momentos que según la decisión que se tomara, determinaría el rumbo que tomaría esa vida.

Por ejemplo, el «momento» en que una persona decide trabajar y vivir decentemente, nunca irá a la cárcel, en contraste con el «momento» que una persona decide vivir del trabajo ajeno y roba, ese no saldrá de la cárcel. Otras decisiones que pudiéramos identificar como momentos *«kairos»* sería ese «momento» cuando una persona decide con quién se va a casar, si va a continuar estudiando o no, y qué tipo de carrera profesional escogerá, si es que escoge alguna. El «momento» cuando una persona escucha el evangelio de Jesucristo y tiene que tomar una decisión en cuanto a su vida es definitivamente un momento «*kairos*». ¿Acepta a Jesús como el Hijo de Dios, Señor y Salvador personal o no? Dependiendo de la decisión que tome en ese «momento» su vida será afectada eternamente, ya sea para bien o para mal. Todas estas cosas son momentos «*kairos*» que definen y moldean de alguna manera la vida de toda persona.

He mencionado tan solo algunos de los momentos importantes de la vida, pero no podemos perder de vista que Dios es el que ofrece a cada persona los diferentes momentos «*kairos*», y de esta forma en cierta manera da dirección a tu vida.

Preciosa hija, oro siempre por ti para que durante las diferentes etapas de tu vida sepas reconocer esos «momentos» tan importantes, donde la decisión que tomes determinará el camino por donde andarás y tu futuro. Que tus decisiones en esos «momentos» te lleven al triunfo y la felicidad. Oro para que puedas responder en esos «momentos» con la fe, el valor y la comprensión necesarias para seguir la dirección divina.

Fecha

_____

Notas

_____

_____

La diferencia
entre el optimista y el tonto

*«Mas el que oyó y no hizo, semejante
es al hombre que edificó su casa sobre
tierra, sin fundamento; contra la cual
el río dio con ímpetu, y luego cayó,
y fue grande la ruina de aquella casa».*

Lucas 6:49

Querida hija, escuché en una ocasión al reverendo Glenn Burris, hijo, decir que la palabra en chino para crisis describe retos, dificultades y oportunidad a la misma vez. Él continuó diciendo que aunque tenemos que tener una actitud optimista en medio de las crisis, no podemos cerrar los ojos a la realidad que nos rodea. Hay personas con optimismo que trabajan con la realidad, y hay optimistas que obvian la realidad.

Si no somos cuidadosos, corremos el peligro de actuar como tontos; un ejemplo de esto es ponerle una fecha límite a las crisis sobre las cuales no tenemos control y alimentando sin saber nuestro optimismo pero, al mismo tiempo, limitando lo más valioso del optimismo, su poder. ¿Es algo curioso, verdad?

Lo que sucede en estos casos es que si, por ejemplo, decimos que una mala racha durará como máximo hasta las Navidades, y llegan y pasan las

Navidades, y aún estamos bajo la presión de la crisis, existe el peligro de desanimarnos, pudiendo caer con facilidad en depresión; perdiendo así la batalla antes de que podamos alcanzar la victoria.

Es por esto, mi amada hija, que cuando te enfrentes a una crisis debes examinarla bien y ser sabia. Mantén una actitud optimista en medio de las luchas, pero también es muy importante que te enfrentes con la realidad de la crisis. O sea, debes preguntarte: ¿Qué produce la crisis? ¿Cómo puedo afectarla? ¿Cuáles son sus consecuencias? ¿Cómo puede afectarme? Debes reconocer dónde estás tú con relación a la crisis y debes saber qué tienes que hacer para sobreponerte y sobrevivirla. Obrando de esta manera, las crisis pasarán, pero tú te mantendrás firme.

Fecha

_____

Notas

_____

_____

Un secreto es para guardarlo

«Así también la lengua
es un miembro pequeño,
pero se jacta de grandes cosas.
He aquí, ¡cuán grande bosque
enciende un pequeño fuego!»

Santiago 3:5

Querida hija, hoy estoy muy orgullosa de ti porque he comprobado que eres una jovencita de gran integridad, que conoces el valor de saber guardar silencio y no divulgar algo que te han dicho en confidencia. Desearía que hubiesen más personas como tú en el mundo. La discreción es una virtud que hoy en día muy pocas jóvenes practican.

¿Sabes?, en una ocasión conocí a una persona que le gustaba mucho el chisme, y por supuesto no había forma de que ella pudiera guardar un secreto. Su fama de chismosa llegó a tal punto, que cuando alguien quería que algo se supiera, todo lo que tenía que hacer era ir a donde estaba ella y decirle:

«Fefita, te tengo que contar algo, pero no se lo digas a nadie, ¿sabes?, es un secreto».

En menos de tres días todos ya lo sabían. Resulta algo triste que nos conozcan por chismosa.

La lengua de una persona juega un papel muy importante sobre la opinión que otros tendrán de ella.

Cuando una persona desea guardar un secreto, debe considerar una adivinanza que me hiciera una vez mi amiga Yazmina Rosario, que dice de esta manera:

¿Qué cosa es?
Mucho para uno
Poco para dos
Nada para tres... Un secreto.

La persona como tú, mi hija, que sabe guardar un secreto, demuestra ser una persona con capacidad de amar a su semejante, con prudencia. Demuestras ser una persona de paz y no de contienda, confiable y madura. Estas características no tienen nada que ver con la edad, pues tú, siendo joven, las posees; sin embargo, yo conozco personas con su cabello ya blanco que aún actúan como la tía Fefita... sin poder controlar su lengua.

Fecha

_____

Notas

_____

La importancia de la exhortación oportuna

*«Por lo tanto animáos unos
a otros, y edificáos unos a otros,
así como lo hacéis».*

1 Tesalonicenses 5:11

Querida hija, es muy importante prestar atención cuando estamos haciendo algo para animar a otra persona. Por ejemplo, recuerdo una historia de lo que le sucedió a un pastor. Él solía enviarle notas de exhortación a los miembros de su iglesia. En una ocasión decidió enviarle una nota a una madre joven cuyo esposo había partido pocos días antes con el ejército estadounidense para la guerra del golfo Pérsico. Ella se había quedado sola, con sus dos hijos y la preocupación de esta situación difícil la tenía muy agobiada y triste.

El pastor le escribió una nota, animándola con palabras de esperanza y al final citó un verso de la Biblia para que ella lo buscara, lo leyera y le sirviera de promesa y apoyo de parte de Dios en esos momentos difíciles.

Él quiso escribirle el Salmo 28: 6-9 para que cuando lo buscara, leyera: «Bendito sea Jehová, que oyó la voz de mis ruegos. Jehová es mi fortaleza y mi escudo; en él confió mi corazón, y fui ayudado, por lo que se gozó mi corazón, y con mi cántico le alabaré». Sin embargo, cuando estaba escribiendo, anotó correctamente tan solo el libro y los versos, pero se equivocó en el número del capítulo, él escribió, Salmo 109: 6-9 que lee: «Pon sobre él al impío, y Satanás esté a su diestra. Cuando fuere juzgado, salga culpable; y su oración sea para pecado. Sean sus días pocos; tome otro su oficio. Sean sus hijos huérfanos, y su mujer viuda».

Supongo que después de reírte unos minutos podrás imaginarte el apuro que pasó el pastor tratando de disculparse cuando la señora lo llamó a la oficina, hecha un mar de lágrimas, toda confundida, sin poder comprender el porqué los, su pastor la estaba llenando de maldiciones.

Es cierto que Dios desea que nos exhortemos los unos a los otros, pero haciéndolo, debemos tener cuidado de no cometer imprudencias, y con sabiduría buscar el momento oportuno y las palabras adecuadas.

Fecha

_____

Notas

_____

_____

Hay por lo menos quince personas que te aman

*«Porque a mis ojos fuiste de gran estima,
fuiste honorable, y yo te amé; daré, pues,
hombres por ti, y naciones por tu vida».*

Isaías 43:4

Querida hija, estaba leyendo uno de tantos correos electrónicos que recibo, y en uno de ellos había una información interesante de nuestra vida diaria, de esas a las que no damos importancia.

Decía: «Por lo menos quince personas en este mundo te quieren de alguna manera».

Yo me puse a pensar, ¿cuántas me pueden querer mucho, con un amor fuerte? Me sorprendió descubrir el número. Y luego, por supuesto, vienen las personas que te quieren por simpatía y otras por conveniencia. Cuando meditamos en esto, nos damos cuenta de cuán bendecidos somos a causa de esas personas que nos aman sin interés.

Tú, mi hija, eres muy afortunada. Tienes una familia que te quiere mucho; y no estoy hablando tan solo de la familia inmediata, sino también de abuelos y tíos por ambas partes que te aman mucho y lo demuestran al hablar de ti. Ellos se preocupan por ti y a menudo me llaman porque se interesan por tu bienestar.

Luego están mis amigas, en especial Gilda y Lupe, que todas las semanas me preguntan cómo andan tus asuntos y si todo está bien contigo. Todo esto de mi parte; no he considerado aún de parte de tu papá, hermano, abuelos... en fin, hay más de quince personas que te aman de verdad.

Mi amada hija, aparte de ellos, tú misma vales tanto, que estoy segura que entre tus amistades también hay personas que te quieren y te admiran; no tan solo por tu simpatía, sino por ti misma. Pero lo más importante es que Dios te valora. Eres tan amada y apreciada por Él que su cuidado se hace manifiesto a diario en tu vida.

Oro al Señor Jesús que siempre te rodee de buenas amistades, de personas que sepan apreciar tu valor y se alegren con tu bienestar.

Fecha

_____

Notas

_____

_____

Sonríe y el mundo reirá contigo...

*«Mejor es estar en un rincón
del terrado, que con mujer
rencillosa en casa espaciosa».*

Proverbios 25: 24

Querida hija, hay un refrán popular que dice: «Sonríe y el mundo reirá contigo...» Y ese es el recuerdo que tengo de ti, mi amada hija; cierro mis ojos y puedo ver tu rostro limpio y sonriente. Siempre contenta y contagiando esa alegría a los demás. Tienes una sonrisa preciosa y la ofreces a las personas de continuo; tanto a aquellas personas que conoces como a las que no. Eso te ha abierto muchas puertas en la vida, y ha dado como resultado que todo aquel que se acerca a ti se sienta cómodo y aceptado, creando a tu alrededor, sin darte cuenta, una atmósfera agradable.

«Sonríe y el mundo reirá contigo...» es un dicho muy cierto porque a todos les agrada una persona alegre y risueña. Sin embargo, esa frase es tan solo la mitad del refrán porque continúa diciendo: «llora y llorarás sola». Por supuesto que este refrán no se aplica a un momento de angustia o tristeza justificada por el que todos pasamos en la vida. Más bien se refiere a ese tipo de personas que de continuo están quejándose y su vida resulta ser un lamento. Con su pesimismo y continua queja alejan a las personas de su lado y ellas se vuelven personas no tan solo de carácter triste, sino también solitarias; añadiendo así agravio sobre tristeza.

Es por esto mi amada hija, que te escribo alentándote para que tu actitud siempre sea agradable, llevando una sonrisa en tus labios y ofreciéndosela a todo el que te vea. La sonrisa te abrirá puertas que estuvieron cerradas para otros y creará caminos donde no los hay. Sin contar que con una sonrisa a tiempo, brindarás alegría a tus amistades y a aquellas que no lo son... bueno, ellos tendrán la oportunidad de convertirse en amigos también.

Fecha

_____

Notas

_____

_____

*H*ay tiempo
para todo bajo el sol

«*Todo tiene su tiempo,
y todo lo que se quiere debajo
del cielo tiene su hora*».

Eclesiastés 3:1

*Q*uerida hija, escuchando el noticiero comprobé una vez más que las noticias están llenas de violencia y los tribunales del país no dan a basto con tantos problemas juveniles de drogas y abuso doméstico. Y me pregunto, ¿por qué tanto dolor? ¿Qué lo causa? Después de pensarlo bien, entiendo que una de las principales causas de la condición de nuestra sociedad es la falta de integridad en la familia. Es a nivel de familia que se inculcan los valores.

Sí, es en la familia donde se aprende aquello que llamamos malo y lo que llamamos bueno. Es a ese nivel que se crian niños con una buena autoestima o no. La mejor inversión que cada ciudadano puede hacer en nuestra sociedad es sacar tiempo para su familia.

En la vida, debemos sacar tiempo para todo. Tiempo para Dios, orando, leyendo la Palabra y meditando en ella. Tiempo para la familia, interesándose por ella, diciéndoles que les ama y que estás dispuesta a pasar tiempo juntos. No olvides el tiempo para trabajar, siendo diligente en el trabajo, haciendo lo mejor que puedas y en forma responsable. Pero debemos tener cuidado de no pasar por alto un tiempo muy importante: Tiempo para descansar y divertirse junto a la familia y amigos.

Hay personas que tienen como pasatiempo el hacer crucigramas, otras leer, otras armar rompecabezas, otras escribir, nadar, escalar montañas... en fin, la lista es tan larga como las preferencias. Las personas sabias en este asunto dicen que a diario, la buena administración del tiempo, deja tiempo para esas cosas, produciendo así una familia saludable.

Tiempo para Dios, tiempo para la familia y la diversión, tiempo para las obligaciones y tiempo para uno mismo. No pierdas el orden, no sea que comenzando de atrás hacia adelante, no pases más allá del tiempo para uno mismo. Es muy fácil caer en esa trampa.

Fecha

_____

Notas

_____

_____

La debilidad de la adolescencia

«¿Qué, pues, diremos a esto?
Si Dios es por nosotros,
¿quién contra nosotros?»

Romanos 8:31

uerida hija, sé que ya no eres adolescente. Sin embargo, hay quienes dicen que dentro de cada uno de nosotros queda un niño y un adolescente que no desean salir. Y es de esa debilidad en la vida de una jovencita que está creciendo, de la que deseo escribirte hoy.

Anoche, tu papá y yo estábamos visitando a nuestro amigo el doctor Avilés, y en una de las tantas conversaciones interesante que tuvimos, él nos comentó sobre los adolescentes algo que me dejó pensando.

«¿Saben algo?», nos dijo, «hay un dato bien curioso en el estudio de las estadísticas de suicidio entre los adolescentes. El mayor intento de suicidio entre los jóvenes se encuentra en el grupo de las muchachas; sin embargo, el mayor número de aquellos que lo logran se encuentra en el de los varones».

mientras mayor fuera el número de intentos de suicidio, mayor serían las probabilidades de ese grupo; pero en este caso seran exactamente lo contrario.

Esto me habla de la vulnerabilidad en los años de la adolescencia de los varones. A veces pensamos que tan solo a las niñas hay que afirmarla en su belleza y valor, pero los varones pueden ser tan sensibles a la depresión por el rechazo como lo son las muchachas. Esto me enseña que por el hecho de que una persona parezca dura y fuerte en el exterior; no significa que lo sea en su interior.

Hoy le doy gracias a Dios de que tú, mi amada hija, no llegaste a ser parte de la estadística de intentos de suicidio. Aun en los momentos de mayor angustia, pudiste recurrir a nosotros y a Dios. Hoy ya no eres una adolescente, sino toda una joven adulta, pero no dudes ni un segundo, en tus momentos difíciles, de poder ir a Dios en oración y correr a nuestro lado para recibir apoyo.

Fecha

_____

Nota

_____

_____

Imita siempre lo bueno

«Lo que aprendisteis y recibisteis
y oísteis y visteis en mí,
esto haced; y el Dios
de paz estará con vosotros».

Filipenses 4:9

Querida hija, tengo una tía que a menudo cuando converso con ella, me hace este comentario: «Mi sobrina, recuerda que todo resulta ser según el color del cristal con que se mira». Con esto ella implica que según la persona, así se ven e interpretan las cosas.

Yo pude comprobar esto cuando estaba sirviendo de intérprete durante una declaración jurada no hace mucho tiempo. En medio de la sesión, uno de los abogados se echó a reír sin poder controlarse y pocos segundos después el otro abogado hizo lo mismo. Luego le siguió el taquígrafo y ya para este entonces, yo me estaba preguntando qué era lo tan gracioso que había alterado el ambiente de esta manera.

No fue hasta unos momentos más tarde que caí en cuenta del porqué de esas risas nerviosas. Resulta que en la última respuesta del testigo, aunque él la había contestado de forma correcta en español, al ser traducida al inglés una persona sin una mente pura podía interpretarla como una respuesta con doble sentido. El primer abogado interpretó la respuesta con una connotación sexual y el resto se convirtió en un caos por varios minutos.

Pero mi amada hija, la Biblia nos exhorta de continuo a que renovemos nuestra mente en las aguas limpias y frescas de la Palabra de Dios, y en el conocimiento de Aquel que nos amó. Aunque por unos minutos yo parecía una boba sin entender lo que sucedía, al final me alegré de tener una mente renovada en la Palabra y en el conocimiento de Dios. Porque a diferencia de aquel abogado, estoy mejor preparada espiritualmente para recibir sabiduría de Dios y la capacidad de escuchar e interpretar su voz cuando el Juez Supremo me hable.

Te cuento esta experiencia deseando que imites mi conducta. Mantén tu mente y corazón puro. No cambies para encajar con aquellas amistades que han olvidado la pureza, no han conocido a Jesús, ni de su amor. Sigue siendo esa joven inocente frente a la maldad de este mundo y agrada a Dios.

Fecha

_____

Nota

_____

La importancia de tomar buenas decisiones

«He aquí, yo estoy a la puerta
y llamo; si alguno oye mi voz
y abre la puerta, entraré a él».

Apocalipsis 3:20

Querida hija, estoy muy orgullosa de ti porque sé que al escoger estudiar el pastorado en la universidad has tomado la decisión correcta. Ya han pasado varios meses desde que te fuiste, y veo cómo tu vida se va desenvolviendo bien y dando buenos frutos. ¡Es tan importante el estar enamorada de tu carrera! Porque si te gusta lo que estudias, serás buena en su desempeño. Cuando se trata de una carrera religiosa, pienso que la decisión es aun más difícil por causa del elemento de la fe que envuelve ese paso. ¡Es tan importante decirle sí al llamado de Dios cuando lo recibimos! Tú tuviste el valor de dejarlo todo, para decirle sí a Jesús y seguirlo. No todos tienen esa entereza.

En la Biblia encontramos a un joven rico que después de escuchar a Jesús predicar, se le acercó y le preguntó:

«Maestro bueno, ¿qué haré para heredar la vida eterna?»

Y después de una corta conversación donde el joven demostró cumplir con los Diez Mandamientos, Jesús le respondió:

«Aún te falta una cosa: vende todo lo que tienes, y dalo a los pobres, y ... ven y sígueme».

Este joven se fue triste porque no quería dejarlo todo para seguir a Jesús, pero lo más triste del caso es que tampoco se quedó para escuchar lo próximo que Jesús dijo:

«De cierto os digo, que no hay nadie que haya dejado casa, o padre, o hermanos, o mujer, o hijos, por el reino de Dios, que no haya de recibir mucho más en este tiempo, y en el siglo venidero la vida eterna» (Lucas 18:18-29).

Si este joven se hubiera quedado un rato más junto a Jesús, y hubiera escuchado estas palabras, quizá hubiera obedecido a su llamado. No tan solo tomó la decisión equivocada, sino que la tomó con prisa y no supo que había recompensa para todo aquel que responde con un sí al llamado del Maestro.

Fecha

_____

Notas

_____

¿Quién determinará tu vida?

«Riquezas, honra y vida
son la remuneración de la humildad
y del temor de Jehová».
Proverbios 22:4

Querida hija, no dejes que las desilusiones de la vida sean las que determinen tu vida. Recuerdo cuando eras una niña y te entrenabas para unas competencia de campo y pista. Íbamos por lo menos tres días por semana después de que se acababan las clases en el colegio. Yo, al ver tu entusiasmo, me ofrecí de voluntaria para ayudar a la entrenadora en los ejercicios.

Fue en esa ocasión que pude experimentar directamente la tenacidad de tu carácter. Esa es una cualidad muy especial y beneficiosa para alcanzar las metas que uno se pone por delante. Tu meta era ganar en las próximas competencias. Mi meta hasta ese momento era cuidarte y tratar de que no te ilusionaras mucho pensando que las probabilidades de que ganaras compitiendo contra niños más grandes que tú, serían pocas. Eras una niña menuda y no muy alta, pero con un corazón y optimismo que te hacían sobresalir del grupo como un gigante en un parque de recreo.

Así pasamos unos meses hasta que llegó el día de la competencia. Tu padre y yo te llevamos y dedicamos todo ese sábado a tu actividad. Participaste en todas las competencias, brincando obstáculos, en carreras de diferentes distancias, saltando, tirando la jabalina y otras más. Tu rostro tenía un tono rosado algo subido a causa de los ejercicios, y hacían un lindo contraste con tus ojos brillantes llenos de emoción, mientras esperábamos a que dieran los resultados y sus respectivos premios al fin del día.

Ese día, hija mía, me diste una lección, una de tantas que he recibido de ti, sin tú saberlo. Ese día regresamos a la casa con cinco medallas y dos trofeos, todos tuyos. ¿Quién lo iba a decir? Ganó una niña menuda, armada tan solo con su tenacidad, entusiasmo y fe en que Dios le daría la victoria.

Fecha

_____

Nota

_____

_____

Un corazón de fe sorprende al mundo

«Y todo lo que pidiereis en oración, creyendo, lo recibiréis».

Mateo 21: 22

Querida hija, esta mañana Sam (tu perrito me despertó, y por supuesto él es una de las tantas cosas que me hacen recordarte. Me puse a recordar la gran fe que desde pequeña has demostrado tener. Para ti era fácil creer que Dios escuchaba tus oraciones y que recibirías todo lo que le pedías sin dudar.

Esa aventura de fe comenzó cuando tú y tu hermano perdieron a su perrito porque fue arrollado por una camioneta. Ustedes lloraron sin consuelo durante horas. Ese día tomé la determinación de que no tendríamos más perros en la casa. No podía soportar la idea de tener otra mascota y que a causa de ella ustedes volvieran a sufrir. Pero esa noche, ustedes me pidieron otro perro. Yo estaba firme en mi decisión y para tranquilizarlos les dije: «Solo un milagro puede lograrlo. Ustedes son niños de fe, oren a Dios por un perro, si Él se los da, yo lo acepto». Para mi asombro, ustedes aceptaron la propuesta y con alegría comenzaron a orar desde esa misma noche.

¡Qué sorpresa me esperaba! Una semana después llegué a la casa y encontré que ustedes me recibían con mucho amor y consideración. De inmediato sospeché que tramaban algo. Cuando les comencé a hacer preguntas, me pediste que cerrara los ojos, y cuando los volví a abrir, allí estaban ustedes de pie, junto a un cachorro negro a quien llamaron «Sam». Quedé sin palabras y me pareció en ese momento escuchar al Espíritu Santo susurrar a mi oído: «Si tuvieses fe como uno de estos pequeñitos...».

Mi amada, ya no eres esa niña, pero sigues teniendo la misma fe en un Dios de milagros. Sigues sorprendiéndome en cada decisión que tomas, donde se requiere dar ese paso de fe que es tan difícil para muchos. Oro para que tu fe siga en aumento, y sorprenda a todos a tu alrededor, como lo hiciste conmigo aquel día.

Fecha

_____

Notas

_____

_____

Mírate en el espejo antes de salir

*«Como el Padre me ha amado,
así también yo os he amado;
permaneced en mi amor».*
Juan 15:9

Querida hija, hoy estuve conversando con mi amiga Cindy DiBucci. Ella me contaba de su hija, ¡que se parece tanto a ti en sus ocurrencias! Resulta que llegó el día en que ella iba a cambiar de clase porque había cumplido ya seis años. Ella le insistió a su mamá para que le comprara un traje nuevo. Cuando llegó el domingo y se lo puso, todos en la casa la celebraron afirmando lo linda que lucía. Ese día entró muy sonriente a su nueva clase de Escuela Dominical luciendo muy bonita con su traje nuevo.

Cuando terminó el servicio, la niña regresó a su mamá, con su rostro un poco triste, y Cindy lo notó de inmediato. Ella le preguntó:

«Hija, ¿qué te pasa? ¿Algo no salió como tú esperabas en tu clase nueva?»

La niña, levantando su cabeza, le respondió con un tono un poco triste:

«Lo que sucede mamá es que nadie me dijo lo linda que lucía».

Y luego haciendo uno de esos gestos que hacen las niñas cuando quieren expresar que algo no les importa, añadió: «¿Sabes, mamá?, no me importa que ellos no me hayan dicho nada. Yo sé que luzco bonita porque antes de salir de casa, me miré en el espejo y lo pude comprobar con mis propios ojos».

Tú, amada hija, siempre has demostrado tener confianza en ti misma porque conoces que Dios te ama y lo importante que eres para Él. Al tener esa seguridad en tu corazón, no importan las circunstancias a tu alrededor, sabes que saldrás bien porque su amor te cubre, te protege y te guía.

Oro mi amada, para que como la niña de mi amiga, te mires en el espejo y, comprobando que estás bien, salgas y conquistes al mundo. Ruego para que nada ni nadie pueda quebrantar tu identidad como mujer, y con la ayuda de Dios logres vencer siempre el mal y al maligno cuando se atraviese en tu camino.

Fecha

_____

Notas

_____

_____

*Es bueno ser sabio,
pero es aun mejor
ser maduro y sabio*

*«El rostro del Señor
está contra los que hacen el mal».*
1 Pedro 3:12

Querida hija, cada una de nuestras acciones implican una consecuencia. En ocasiones hacemos cosas mal hechas y no nos damos cuenta hasta que vemos las consecuencias. Entonces tenemos que tomar la decisión de pasar por alto lo sucedido, o tratar de enmendar el daño cometido. Yo opto siempre por lo último, y para ilustrarte este principio, te voy a contar lo que le sucedió a mi mamá conmigo, cuando yo tan solo era una niña de dos o tres años.

Resulta que el domingo era el día que mi mamá tenía para estar conmigo, así que temprano en la mañana ella se arreglaba y me arreglaba a mí para salir y pasar el día juntas. Un domingo en particular, después de estar ambas arregladas, ella notó que yo no podía caminar. Daba unos pasos y me sentaba. Trató sin éxito que yo caminara con ella y comenzó a preocuparse. Lo primero que pensó es que algo terrible me pasaba, que estaba enferma. Así que conmigo en brazos, se dirigió a casa de su mamá.

Cuando mi mamá llegó a la casa de mi abuela, le dijo entre sollozos:

—Mamá, pienso que algo terrible le sucede a mi hija, quizá tenga poliomielitis porque se niega a caminar.

Ella con la paciencia que la caracterizaba, le respondió:

—Hija, cálmate, déjame tratar a mí.

Al ponerme en el suelo, para que yo caminara, ella soltó una carcajada. Mi mamá la miró con asombro e incredulidad.

—¿Por qué te ríes? ¡Esto es cosa seria!

—Hija —le dijo mi abuela—, ¡la niña tiene los zapatos al revés!

Me pusieron bien los zapatos y asunto resuelto.

Mi amada hija, cada vez que cometas un error, no titubees en corregirlo, siempre que sea posible. Es de sabios enmendar los errores. Es de personas maduras y sabias el admitir que cometieron uno.

Fecha

_____

Notas

_____

¡*Vísteme despacio que voy de prisa!*

*«Jehová está conmigo
entre los que me ayudan».*
Salmo 118:7

uerida hija, a veces andamos tan de prisa que se nos olvida reducir la velocidad para no fallar. Es por esta razón que hay tantos accidentes en los trabajos, en las carreteras y aun en el hogar.

Recuerdo a mi mamá contándome la misma historia una y otra vez, cada vez que surgía el tema de la prisa. Un día, siendo yo bebé de pocos meses, ella terminó de bañarme y me había acostado sobre la cama para arreglarme. Se le olvidó que ya me movía lo suficiente como para ocasionar estragos y se volteó para buscar la ropita en el gavetero cerca de la cama. El cuarto estaba en penumbras, y en su descuido, yo derramé la caja de talco sobre mí. Fue tanto el talco que cayó, que me cubrió por completo. Cuando ella se dio vuelta, no me vio. El color del talco sobre mí se confundía con el color de la sábana. Por unos segundos pensó que me había caído de la cama. Luego reaccionó y corrió a mi lado, me levantó y comenzó a soplarme la cara, para asegurarse de que no me ahogara con el talco. Un descuido. Unos segundos. Por la prisa no dejó todo preparado antes de comenzar el ritual del baño.

Esta historia tuvo un final feliz. Sin embargo, conozco de casos en que la mamá ha dejado sin atender por un par de minutos a un bebé de dos o tres años en la bañera con tres o cuatro pulgadas de agua, y el fruto de ese descuido han sido lamentos y tristezas. Un descuido. Unos segundos. Por no estar preparada antes de comenzar a atender a su hijo.

Tú aún no tienes hijos, sin embargo, esta lección puede ser aplicada a cualquier faceta de tu vida. Prepárate con tiempo para tus exámenes, tu trabajo, el mantenimiento del automóvil, en fin, para cualquier asunto que tengas que hacer. No dejes nada para última hora, provocando que tengas que hacerlo de prisa, casi sin pensar... Un descuido. Unos segundos... puede traer graves consecuencias, y el tiempo, no se puede echar atrás.

Fecha

_____

Notas

_____

_____

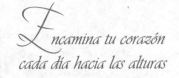

Encamina tu corazón
cada día hacia las alturas

«No os hagáis perezosos, sino imitadores de
aquellos que por la fe y la paciencia here-
dan las promesas».

Hebreos 6:12

Querida hija, tu corazón está lleno de sueños que deseas alcanzar, y quieres prepararte con estudios para lograrlos y sobresalir. Aunque Dios usa a personas capacitadas intelectual-
mente en este mundo, nunca olvides que su primer
requisito es que el corazón de la persona rebose de
pasión por Él. Es tan fácil enredarse en los temores
de la vida, que se nos puede olvidar con facilidad
el poder de la pasión.

Lo curioso es que cuando revisamos las vidas
de los grandes héroes de la historia, ya sean hombres o mujeres, descubrimos que ellos sentían pasión
por la causa a la que estaban dedicados, pero
también sus corazones ardían de pasión en sus fre-
cuentes conversaciones con Dios.

Desde Napoleón Bonaparte, con su famosa
cita: «La Biblia no es un libro cualquiera, sino una
Criatura Viviente con poder para vencer a todo el
que se le oponga»*, hasta otros famosos del día

de hoy como lo son Juana de Arco, el general Patton, la madre Teresa de Calcuta o el presidente George W. Bush; todos de gran influencia en las multitudes, todos apasionados con Jesús.

Amada hija, recuerda que el éxito sin la pasión por Dios te hará arrogante; pero el éxito dirigido por un corazón apasionado por Dios será de bendición para quien logró el éxito y para los demás.

Estos hombres y mujeres descubrieron que en todos los tiempos la sociedad se ha movido en un ritmo acelerado... este no siempre ha sido un ritmo adecuado. Tales hombres y mujeres no corrieron con la corriente de sus tiempos, más bien sobresalieron por ser personas que corrían contra la corriente. Lograron sobresalir de forma positiva por su fe en el Evangelio de Jesucristo y por saber encaminar la brújula de sus corazones hacia las alturas, desde donde se oye la voz del Eterno guiándoles hacia el éxito.

Fecha

_____

Notas

_____

_____

* *Sacado de: America's God and Country, Encyclopedia of Quotations. Pg. 463.*

La fe no demanda explicaciones de Dios, sino que descansa en sus promesas

> *«Reconócelo [a Dios] en todos tus caminos,*
> *y Él enderezará tus veredas».*
>
> *Proverbios 3:6*

Querida hija, por lo general, las malas noticias llegan de repente, sin aviso. Jamás nadie está preparado para recibir malas noticias, a menos que esa persona viva una fe puesta en el que conoce con antelación las malas noticias y sus soluciones. Para aquellos que depositamos nuestra confianza en las manos del Señor, cuando una crisis toca nuestras vidas, creemos que Dios permitió que tal situación llegara a nosotros sabiendo que Él nos equipará y acompañará en la batalla hasta lograr vencerla.

¿Por qué podemos tener esta confianza? Porque sabemos que hay cosas que Dios nunca puede hacer: Dios no puede mentir, no cambia, no hace acepción de personas, no es tentado por el mal, ni Él tienta a nadie. Dios no rechaza a aquellos que se llegan a Él con un corazón humillado, ni deja de responder a una oración hecha con fe, ni tampoco cancela el fruto de la semilla que se siembra.

Conociendo a Dios de esta manera, tenemos que asegurarnos que nuestra fe esté acompañada de confianza y paciencia en Dios, en su misericordia y justicia. No siempre tenemos una respuesta ni explicación de las cosas malas que se atraviesan a nuestro paso. No siempre podemos encontrar la lógica en las circunstancias malas por las cuales pasan personas que conocemos. Pero si de algo podemos estar seguros es de que Dios ya lo sabe. A Dios no le tomó de sorpresa. Dios conoce el lado flaco de este ataque. Dios tiene la solución. Dios desea dártela.

Por eso querida, sabiendo que en la Biblia hay más de siete mil quinientas promesas, siempre busca una promesa de Dios para cada situación difícil que encuentres en tu vida y descansa en Él.

Fecha

_____

Notas

_____

_____

En la quietud del silencio el sabio medita

«Manzana de oro con figuras de plata es la palabra dicha como conviene».

Proverbios 25:11

Querida hija, hoy estaba riéndome sola mientras recordaba una de tus tantas ocurrencias cuando niña. Resulta que en nuestra iglesia estuvimos buscando a un líder de jóvenes durante muchos meses. Entrevistábamos un candidato tras otro, y si no era por una razón era por otra, pero tal parecía que no lográbamos encontrar a la persona adecuada. Un día recibimos una llamada de un joven cuyo primer nombre era Sam, y después de una entrevista telefónica le pedimos que viajara hasta nuestra ciudad para conocerlo en persona. Todos estábamos emocionados con su visita porque parecía que habíamos encontrado al joven ideal para el cargo.

Al fin llegó el día de la visita, y ese sábado estábamos todos en la casa preparándonos para causarle una buena impresión, cuando de pronto se me heló la sangre al darme cuenta de que nuestro perro también se llamaba Sam. Así que los llamé a ti y a tu hermano y después de explicarles la vergonzosa situación, les rogué que por favor no llamaran al perro por su nombre. De presentarse la situación, tan solo tenían que decir: «Oye, perro, !ven acá!» «¿Entiendes Silvita?» te pregunté sabiendo lo traviesa que eras. «Sí, mamá, lo entiendo bien» fue tu respuesta. Lo mismo le pregunté a tu hermano. Practicamos un poco y todo quedó así.

Cuando el joven llegó, tratamos de que la atmósfera de tensión pasara, sonriendo a menudo, y ofreciéndole jugos y galletitas. Estuvimos hablando de su viaje y tratamos de que él se sintiera cómodo con nosotros, cuando de momento, sin venir al caso, tú interrumpiste y le dijiste: «Sam, ¿sabías que nuestro perro se llama igual que tú?»

Todos nos quedamos mudos, y en lugar de abrir la boca, abrimos los ojos a todo dar. Hubo un silencio que pareció eterno y lo único que se me ocurrió decir fue: «Sí, pero es un perro extraordinario y nosotros lo queremos mucho».

Ya ha pasado mucho desde ese entonces, y no eres la niña imprudente de antes. Sin embargo, esa historia me ha servido mucho como ejemplo para enseñar a otros cuándo se debe hablar y cuándo no.

Fecha

_____

Notas

_____

_____

La alegría de ser madre

«Desde el vientre de mi madre,
tú eres mi Dios».
Salmo 22:10b

uerida hija, pocas cosas en la vida ofrecen la alegría y satisfacción que da el ser madre. Recuerdo cuando supe que estaba embarazada de ti. Te habíamos esperado con ansias, y al fin Dios había escuchado nuestras oraciones y ya eras parte de nuestras vidas.

Antes de los tres meses, tenía la certeza en mi espíritu de que iba a tener una niña. También recuerdo que en ese tiempo, un día mientras tu papá y yo almorzábamos, diste un vuelco en mi vientre con tal fuerza que yo me sobresalté. Pero luego comprendí que te estabas dando a conocer, y de esta manera supe que serías una mujer emprendedora, activa, que alcanzarías las metas que te pusieras por delante.

Desde ese momento, aun con más interés tu papá y yo comenzamos a prestar atención a tu comportamiento antes de nacer. Comenzamos a orar por ti, a hablarle a Dios de ti, y a regocijarnos con tu llegada. Fueron tiempos donde sentíamos una nueva alegría con cada descubrimiento que hacíamos.

Amada mía, una buena práctica es orar por aquellos que se esperan, aun antes de tenerlos. Algún día serás madre. Sé que serás una madre amorosa porque lo eres por naturaleza. Sin embargo, no esperes a ver a la criatura en tus brazos para comenzar a amarlo, a conocerlo, a orar por él o ella. Yo comencé a conocerte desde que supe que estabas dentro de mi ser, y de alguna manera siento que tú también comenzaste a conocerme desde ese momento. Oro a nuestro buen Dios para que esta maravillosa experiencia resulte ser en tu vida algo tan lleno de emociones felices, como lo fueron para tu papá y para mí.

Fecha

_____

Notas

_____

_____

El cónyuge debe ser tu complemento, no tu competencia

«No os unáis en yugo desigual con los incrédulos».
2 Corintios 6:14

Querida hija, sé que ya estás en edad para casarte y deseo comentarte algunos conceptos que he aprendido con los años, sobre cómo una muchacha debe seleccionar a su futuro esposo.

Soy de la opinión de que es un mito el creer que hay solo un hombre destinado para una determinada mujer y viceversa. Si fuera así, las probabilidades de ellos encontrarse, casarse y ser felices serían casi imposibles. Tampoco pienso que los padres son las personas apropiadas para escoger y decidir cuál debe ser el compañero de sus hijos, como en algunos países aún hoy en día se acostumbra.

Sin embargo, pienso que la Biblia te exhorta a que, ante todo, tú como persona que desea casarse debes comenzar examinando primero tu interior. Esto quiere decir que antes de desear encontrar en otras personas ciertas cualidades, tienes que estar familiarizada con lo que hay en abundancia en tu corazón, de otra manera corres el riesgo de escoger a alguien con el que vas a estar en competencia por falta de comprensión. Hay conceptos que serán determinantes en tu futuro. Como, por ejemplo, ¿qué piensas de Dios, de su servicio y oración y cuál es la posición de esto en tu vida? ¿Qué piensas del divorcio, del aborto, de los valores morales y la ética? ¿Cómo deseas criar a tus hijos? ¿Cuáles son tus fortalezas de carácter y cuáles tus debilidades? Una vez que entiendes estas cosas, podrás entonces buscar lo mismo en la pareja y descubrir si son compatibles.

En otras palabras, la preparación para el matrimonio no se hace tres meses antes de la boda. Más bien yo diría que debes comenzar a prepararte con varios años de anticipación, para que cuando llegue el momento sepas escoger.

El matrimonio es una institución divina que lleva un sello con ella: «Hasta que la muerte los separe». El matrimonio es para toda la vida y debe ser tratado con el peso y la responsabilidad que eso implica. Si haces tu tarea, y escoges bien tu compañero, tendrás un buen matrimonio y serás feliz.

Fecha

_____

Notas

_____

La fe debe ser tu siervo
y no una carga pesada
que empujar

«*Más el justo,*
por la fe vivirá».
Romanos 1:17b

Querida hija, para andar por los caminos de la vida con optimismo y sonriendo, necesitas tener fe.

No necesitas de una fe mezclada con temor que, al primer tropiezo, se tambalea y sucumbe en medio de la batalla. Tampoco deseas tener una fe que esté mezclada con esperanza carnal, careciendo de fuerzas para luchar, quedándose en un rincón esperando a que otro intervenga y te rescate. Si tu fe está mezclada con insensatez solo añadirá problemas a tu vida a causa de su imprudencia y falta de paciencia.

Hay, sin embargo, una fe que debes buscar con todo tu corazón y esta es la que se alimenta de la Palabra de Dios. Esa fe será siempre tu siervo fiel en toda circunstancia de tu vida. Esta fe está mezclada con sabiduría, prudencia, coraje, fuerza y poder del evangelio. Es una fe capaz de mover montañas, detener los vientos y dar vida donde no la había. De ella se sirvieron los sabios como Salomón, Débora, Ester; héroes como Noé, Abraham, Moisés; valientes como David, Daniel, Josué y personas que son tan sencillas, pero especiales como tú, que se atreven a creer.

Hija, yo he visto tu fe en acción y me he maravillado de ella. Cuídala, aliméntala y nunca permitas que se mezcle con algo que la debilite. Con tu fe siempre podrás llegar al trono de la gracia y hallar el oportuno socorro del Altísimo.

Fecha

_____

Notas

_____

_____

Hay una receta infalible para el amor

«Mejor es la comida de legumbres donde hay amor, que de buey engordado donde hay odio».

Proverbios 15:17

Querida hija, las personas hablan del amor como si fuese un rayo oculto en el cielo que de pronto se lanza sobre los humanos y los vuelve unos tontos, con la mirada perdida y una sonrisa perenne en los labios. Eso no es amor.

Para que el amor dure, sea saludable y traiga consigo felicidad, es necesario un proceso que comience en nuestro interior. Este proceso de amor personal se asemeja a una receta de cocina de mi gran amigo el apóstol Pedro. El recipiente donde van los ingredientes es el corazón, y estos se mezclan con la cuchara del carácter.

Primero usas el ingrediente básico, una pizca de fe. A esto le añades con diligencia una media taza de virtud, otra media taza de conocimiento, otra de dominio propio y media taza de paciencia, la misma medida de piedad y tres cucharadas de afecto fraternal. Es entonces que al final se añade el ingrediente del amor a gusto, a fin de que perdure en tu corazón (2 Pedro 1:5-8).

Pedro, durante su juventud, fue uno de los principales empresarios en la compañía de pesca de su familia, y seguro que sabía preparar suculentos platos con pescado. Pero la receta del amor no es tan fácil como preparar pescado. Se necesita de mucha diligencia para lograr un buen resultado.

Hija, sé diligente, no tan solo con los demás, sino contigo misma. Desarrolla con esmero tus dones y virtudes porque, haciendo esto, le traerás gloria a Dios y alegría a los que te conocen.

Fecha

_____

Notas

_____

_____

No conoces el amor,
si primero no has probado
el amor divino

«Si alguno dice: Yo amo a Dios, y aborrece
a su hermano, es mentiroso. Pues el que no
ama a su hermano a quien ha visto, ¿cómo
puede amar a Dios a quien no ha visto?»
1 Juan 4:20

Querida hija, muchísimas personas han escrito sobre el amor, y profesan haberlo conocido; sin embargo, yo te aseguro que si no han gustado del amor divino, no saben qué es el amor.

El verdadero amor no es humano, no proviene de un corazón egoísta, hambriento de placeres y celoso, que trae consigo castigos y sufrimientos.

El verdadero amor surge de la idea inusitada de amar sin recibir nada a cambio. Es el amor que desea hacer feliz a otra persona sin esperar nada a cambio. Ese amor mana, se descubre, nace del corazón de Dios. Él no tiene necesidad de nosotros y, aun así, dio a su Hijo para que nosotros pudiéramos sumergirnos en su amor perfecto, amor que trae consigo tan solo bendición y gozo.

El amor que Dios te ofrece es paciente, no tiene prisa, lo sufre todo, lo cree todo, lo espera todo. Es un amor bondadoso, nunca actúa con rudeza, con arrogancia, orgullo, incoherencia, sino que su trato es con bondad y respeto. Su amor es generoso, sin envidias ni celos.

Un amor humilde que no busca reconocimiento, trofeos, sino que ama y se retira si fuese necesario. El amor de Dios es respetuoso, cortés, siempre con buenos tratos para todos.

Es un amor desprendido, nunca egoísta, ni amargado, busca tan solo lo mejor para los demás, no es vengativo. Su amor siempre está de buen humor, no lo encontrarás nunca irritado ni resentido.

Es un amor recto, odia el pecado, nunca se alegra del mal ajeno, sino que se alegra del bien de otros y siempre está dispuesto a pensar lo mejor de los demás.

Por último, es un amor sincero, no es jactancioso ni consentido, y mucho menos hipócrita, sabe guardar silencio, pero cuando habla, lo hace con la verdad. Y Dios desea que su amor abunde cada vez más en ti, mi querida hija, para que su amor sea manifiesto a través de ti a otras personas.

Fecha

_____

Notas

_____

_____

*El hombre con quien
te cases será mucho
más que tu esposo...*

«*La casa y las riquezas son herencia de los
padres; mas de Jehová la mujer prudente*».
Proverbios 19:14

Querida hija, cuando una mujer busca a un hombre para casarse y formar su hogar, no puede fijarse tan solo en el hombre como compañero, como profesional y proveedor. Hay algo muy importante que debes también considerar; debes hacerte las siguientes preguntas:

¿Cómo será este hombre como padre? ¿Amará a nuestro hijo desde mi vientre? ¿Le hablará con amor a través de las paredes de mi piel? ¿Esperará con alegría su nacimiento?

Cuando nazca, ¿deseará cargarlo y cantarle o leerle un cuento por las noches? ¿Sacará tiempo para estar presente en los momentos importantes de su vida? ¿Cenaremos juntos como familia? ¿Se sentará con frecuencia con los niños a conversar, a aconsejarles, a enseñarles las cosas que yo no puedo o no sé hacer?

Y después que los hijos crezcan... ¿seguirá amándome, deseará envejecer junto a mi lado?

Estas preguntas, lejos de ser un ataque al romanticismo, son reflejo de los muchos problemas que existen hoy en los hogares.

Cuando escojas al hombre con quien desees casarte, no puedes hacerlo pensando tan solo en ti, sino en cada uno de los miembros de la familia que deseas componer. Aquellos que aún no han nacido, que se merecen un padre y una madre llenos de amor y cuidado para con ellos. Por eso hija, el escoger la pareja con la cual formarás tu hogar y desarrollarás tu futuro, es algo que debes pesar en tu corazón y llevar de rodillas a la presencia de Dios, a fin de encontrar en Él la aprobación que llenará tu corazón de ánimo y paz.

Fecha

_____

Notas

_____

_____

Sin amor no somos nada

*«Porque el amor de Dios ha sido
derramado en nuestros corazones
por el Espíritu Santo que nos fue dado».*

Romanos 5:5

Querida hija, ¿qué pensarías si te dijera que vivir la vida sin pensar con frecuencia en el amor no tiene sentido? Cuando hablamos de amor, el que escucha piensa de inmediato en el idilio que existe entre un hombre y una mujer. Pero hay varios tipos de amor. Por supuesto está el amor de la pareja, pero también está el amor de amigos, de hermanos, de Dios. Y es cuando pensamos a diario en el amor, en estos diferentes tipos de amor, que surgen las maravillosas oportunidades de hacer un acto de amor, de bondad, un bien a otra persona. ¿Te imaginas? Si en el día de hoy, el cincuenta por ciento de las personas en la ciudad donde vivimos decidieran hacer un acto de bondad a otra persona, por un día, esta ciudad sería bendecida casi en su totalidad.

Por lo tanto, mi amada hija, no dejes pasar la oportunidad de demostrar amor en el día de hoy. Ya sea a tu enamorado, tu hermano, tu padre o quizá desees separar unos momentos preciosos para decirle a Dios cuánto le amas.

El amor es el ingrediente que hace la diferencia entre el bien y el mal, entre lo que trae alegría y tristeza. El amor es lo que hará que sobresalga una persona de entre la multitud, por su actos, porque el amor cuando está presente, impregna todo el ser de la persona. Es como el aroma del buen perfume, no se puede esconder.

Pero, en la ausencia del amor:

Las cualidades se pervierten;

El intelecto se vuelve cruel;

La discreción se vuelve falsedad;

La mansedumbre te humilla;

La penuria te vuelve altanero;

El poder de mando te vuelve un dictador;

La ley se vuelve la ley del embudo;

La sinceridad te hace una persona hiriente;

La oración se vuelve un culto al yo;

La abundancia te vuelve mezquina;

La fe te hace intolerante; y

la cruz del Calvario si no tienes amor, se convierte en tu condena en vez de tu redención.

Fecha

_____

Notas

_____

Si tiene solución, por qué te preocupas?...

«_Venid a mí todos los que estáis
trabajados y cargados,
y yo os haré descansar_».

Mateo 11:28

Querida hija, ¿sabías que la preocupación es algo que no tan solo te hace daño, sino que tampoco agrada a Dios? Y, a tu edad, es muy fácil preocuparse demasiado por las cosas.

Deseo, sin embargo, comentarte, una conversación que tuve en una ocasión con tu abuela paterna. Ella murió siendo tú aún pequeña, pero sé que recuerdas algunas cosas de ella. Por lo tanto, deseo que unas a tu baúl de recuerdos estas palabras sabias que ella me dijera una vez: «Si algo tiene solución, ¿por qué te preocupas?... Y si no la tiene... ¿por qué te preocupas?».

Parece un trabalenguas, un acertijo, pero son palabras muy sabias.

Estaba leyendo una encuesta donde se informaba que un alto porcentaje de las cosas por las que las personas se preocupan, nunca llegan a suceder. Cuando leí esto, me quedé pensando en todo el tiempo que había invertido en mi vida, preocupándome, y sí, es cierto. Mirando hacia atrás he utilizado mucho tiempo preocupándome por cosas que nunca sucedieron, o que estaban fuera de mi alcance evitar. Un tiempo perdido. Hoy en día, cuando llega a mi mente una preocupación de ese tipo, en la cual no tengo control alguno, lo que hago es lo siguiente: Hablo extensamente el problema con Dios. Oro pidiendo su intervención en el asunto y me olvido del problema.

Amada mía, las madres a veces desearíamos que nuestros hijos no tuvieran que pasar por ningún problema innecesario y mucho menos que vivieran preocupados por ellos. Pero hay que enfrentar los problemas, porque son una realidad del mundo en que vivimos. No olvides que con la ayuda de Dios siempre podrás vencer cualquier obstáculo en la vida.

Fecha

_____

Notas

_____

_____

Si yo puedo hacerlo, tú también puedes

*«Porque todo lo que es nacido
de Dios vence al mundo;
y esta es la victoria que ha vencido
al mundo, nuestra fe».*

1 Juan 5:4

Querida hija, al hablar a los niños pequeños para que aprendan algo, les decimos: «Si yo puedo hacerlo, tú también». Eso fue precisamente lo que me dijo mi dulce maestra de cuarto grado cuando llegué por primera vez a su clase de mecanografía. A mí me gustaba la idea de aprender a escribir a máquina porque lo veía hacer a los adultos. Recuerdo que llegué muy contenta a la clase, pero tal alegría no duraría mucho.

La profesora comenzó a explicar qué cosa era el teclado, lleno de letras y símbolos que teníamos que memorizar y dominar hasta poder llegar a escribir rápido y sin mirar. Cuando ella terminó su explicación, ya yo estaba lista para salir del salón.

«No tengo buena memoria y sé que nunca podré lograrlo», dije en tono de queja.

La profesora en lugar de molestarse se inclinó hacia mí y me dijo con voz suave y una sonrisa... «Si yo puedo hacerlo, tú también puedes».

No sé si fue su trato o su consejo, pero me animé a intentarlo y puse todo mi empeño. Hoy, ya no uso aquellas máquinas de escribir, con rodillos, a las que había que darle a una palanquita para cambiar de renglón. Hoy uso la computadora. Escribo un promedio de ochenta palabras por minuto, y esta destreza me ha sido de mucho provecho en la vida.

Preciosa, hoy te toca a ti enfrentarte a clases difíciles. Clases que después del primer día desearás no haberte matriculado en ellas. Pero, considera que si Dios te ha permitido llegar hasta ese nivel, es porque tú sí puedes lograrlo. Ten fe, pon todo tu interés y tu empeño en el asunto, y al final de la clase te aseguro que serás una de las mejores alumnas. ¡Tú puedes lograrlo!

Fecha

_____

Notas

_____

_____

Siembra con la mira en las alturas

«Sembrad para vosotros en justicia, segad para vosotros en misericordia».

Oseas 10:12

Querida hija, ¿recuerdas a aquel niño cuando estabas en segundo grado que siempre se estaba metiendo en problemas? Empujaba y maltrataba a todos tus compañeros del salón. Tu maestra y yo nos quedamos maravilladas cuando al final del curso ese niño mal humorado te defendía y era tu amigo. Tu maestra fue quien me lo contó. Ella me dijo:

«Es increíble ver cómo Silvita se ha ganado a este muchacho. Nadie lo soporta y todo el mundo le huye. Sin embargo, la única que se le acercó una y otra vez fue ella. Le daba papel cuando a él se le acababa, le prestaba un lápiz cuando él no traía, y así, con una pequeña acción de bondad y muestra de amistad, fue ganándose su respeto y admiración, y hoy son amigos».

Mi hija, tú viste en ese niño sus cualidades positivas y sus dones. Lo aceptaste y le demostraste aprecio sincero. Cuando eras niña, tuviste la intuición de saber que mostrándote amigable, una y otra vez, podías lograr cambiar a un malhumorado en un amigo. De igual forma, mi amada hija, yo sé que de nuevo te sabrás ganar la amistad de aquellas personas que a tu alrededor solo demuestran malhumor y resabios. Hay una ley espiritual que apoyó siempre tu actitud: «Lo que siembras, eso también segarás».

Fecha

_____

Notas

_____
_____

*Cuando te enfrentes
al fracaso, grítale en su cara
que tú eres vencedora*

«No descuides el don que hay en ti».
1 Timoteo 4:14

Querida hija, cuando fracasamos no hay nada más fácil que darse por vencido. Sin embargo, tú me enseñaste en muchas ocasiones que estabas dispuesta a luchar por lo que deseabas alcanzar. Recuerdo cuando estabas en la escuela superior y deseabas comenzar a ganar dinero para tus diferentes necesidades. Te resultaba imposible buscar trabajo porque no tenías edad para solicitar empleo. ¿Qué decidiste hacer? Con una actitud resuelta, decidiste comenzar tu propio negocio. Hiciste tarjetas de presentación, ofreciendo tus servicios como niñera durante los meses de verano. ¡Qué ocurrencia!

Saliste por el vecindario a repartirlas, le diste una a cada familia de la iglesia y a todas nuestras amistades. Como te veían muy jovencita, la mayoría de las personas no te hacían caso, y al paso de varias semanas sin ningún resultado, todo parecía indicar que esa idea había fracasado. Sin embargo, no te desanimaste, continuaste hablando con las personas, hasta que lograste levantar una pequeña clientela.

No has sido la única que en su vida desafió al fracaso. Han habido otras grandes personas que al encontrarse con el fracaso tampoco se dieron por vencidas. Por ejemplo, Tomás Edison, a quien a la edad de siete años su maestra le recomendó que dejara de estudiar porque no lo consideraba inteligente como para asistir a la escuela. Otro fue Albert Einstein, que a la edad de diez años uno de sus maestros le aconsejó también que abandonara el colegio por la misma razón.

Todos nos enfrentamos con lo que aparenta ser un verdadero fracaso en diferentes momentos de nuestras vidas. Podemos tomar dos caminos: Admitir el fracaso, desanimarnos y echarnos en un rincón a llorar nuestro infortunio, o gritarle al fracaso en su cara que somos vencedores y que continuaremos luchando hasta alcanzar nuestro propósito.

Fecha

_____

Notas

_____

_____

¿De qué valen los ojos si no hay visión en ellos?

«También os rogamos, hermanos ... que
alentéis a los de poco ánimo».
I Tesalonicenses 5:14

uerida hija, tus ojos alegres y brillantes parecen a veces tener un lenguaje propio. A través de ellos puedo saber si estás contenta o triste. Tus ojos me hablan de tu interior, de tu estado de ánimo. Podríamos decir que esa es una de las funciones de los ojos, el que una madre pueda leer en ellos a sus hijos.

Por otro lado, los ojos llenan la función primaria del sentido de la vista. Este es uno de los sentidos más importantes para conocer al mundo que nos rodea. Pero mi amada hija, ¿de qué valen los ojos si no hay visión en ellos? ¿De qué vale conocer al mundo que nos rodea, si no tenemos dirección?

Una persona sin visión, sin propósito, carece de la emoción y energía necesarias para disfrutar al andar por la vida. Es necesario tener visión en la vida si deseas utilizar los dones que Dios ha puesto en ti y cumplir su propósito para tu vida. Se siente una gran satisfacción cuando se logran alcanzar las metas deseadas.

Tú, mi querida hija, has demostrado tener visión. Tú sentiste en tu corazón el llamado a hablarles a otros de Jesús. Así que no dudaste desde muy pequeña en exhibir esa pasión poco usual, por Jesús y no perdías oportunidad de hablarle a otros de su amor y su bondad. Por lo demás, eras igual a las otras niñas. Ya jovencita, te gustaban los muchachos, hablabas por teléfono largas horas, te gustaban los parques de diversiones, en fin... disfrutabas la vida a plenitud, pero siempre estaba presente tu profundo amor por Jesús.

Hoy estás estudiando teología en la universidad con el propósito de ayudar a otros a descubrir sus dones, sus propósitos, lo que Dios desea para ellos. Tú, hija mía, serás usada para que los ojos de otras personas logren ver la visión y el propósito que Dios ha preparado para sus vidas; y porque has tenido visión, podrás darle visión a otros.

Fecha

_____

Notas

_____

_____

La prosperidad es más que dinero

«Y en estos días en que buscó
a Jehová, Él le prosperó».
2 Crónicas 26:5b

uerida hija, algunas personas cuando hablan de prosperidad, de inmediato piensan en el dinero. ¿Cuánto hay guardado en la cuenta de banco? ¿Cuánto hay escondido en el jarrón de la cocina o debajo de las baldosas del piso?

Otras personas, usan sus posesiones materiales para medir la prosperidad. ¿Cuántos automóviles tienen? ¿Cuántas casas poseen? ¿Cuántos pares de zapatos o trajes tienen? En fin, su apreciación de la prosperidad se reduce tan solo a lo físico, lo material, lo que pueden ver y contar.

Pero mi amada, la prosperidad va más allá del dinero en el banco o de las posesiones con las que una persona pueda contar. La prosperidad comienza con la comunión con Dios. ¿Por qué? Porque la verdadera prosperidad, esa que es completa, tan solo viene de parte de Dios.

La verdadera prosperidad es la que trae consigo éxito en todo lo que emprendes. La persona es próspera cuando vive en paz porque la paz trae prosperidad consigo. La prosperidad abunda cuando tu mente y tu corazón meditan a diario en la Palabra de Dios. No me preguntes por qué. Pues a menos que lleguemos a la conclusión de que la prosperidad viene de parte de Dios, este fenómeno no tiene explicación. Una cosa sí es cierta: el que practica la oración diaria y la meditación en su Palabra, prospera. El que actúa y vive de acuerdo a los consejos sagrados tiene como segura promesa que las bendiciones de Dios correrán detrás de él y los atraparán. ¡Bendita persecución!

Mi amada hija, es por esta razón que te animo a que no tan solo leas la Palabra a diario, sino que también moldees tu vida de acuerdo a ella. Tendrás asegurada sabiduría, paz y prosperidad.

Fecha

_____

Notas

_____

_____

Cuando el perdonar es difícil... la alternativa es peor

«Bienaventurados los que padecen
persecución por causa de la justicia,
porque de ellos es el reino de los cielos».

Mateo 5:10

Querida hija, cuántas veces nos han ofendido. Recuerdo las ocasiones cuando regresabas del colegio triste a causa de tus amiguitas. Cómo ellas te echaban a un lado y te despreciaban cuando les llamabas la atención porque hablaban mal de otra persona o se comportaban de forma indebida. Eso era suficiente para que ellas dejaran de ser tus amigas y, entonces, como por arte de magia, se volvían tus peores enemigas.

Tu deseo de mantener una conducta íntegra provocaba en ellas un intenso deseo de herirte. Y lo lograron varias veces, hasta que aprendiste que era mejor sufrir el rechazo de ellas, que perder la tranquilidad y felicidad de una conciencia limpia y la paz con Dios. Mejor era sufrir, que buscar la aprobación continua de unas niñas superficiales, que no habían aprendido a amar al prójimo. Cuando llegaba la noche, siempre incluías en tus oraciones a tus amiguitas y a aquellas que en ese día se habían vuelto tus enemigas.

Hija mía, siempre fuiste muy madura. Aunque te vi regresar con lágrimas en los ojos y tristeza en tu corazón, no pasabas mucho tiempo con ánimo caído. Después que conversábamos, te recuperabas y emprendías de nuevo con gozo el intento de conquistar la atención de esas niñas y con firmeza intentabas enseñales el camino del amor y del perdón.

Esa virtud que tuviste desde pequeña se ha mantenido como parte de tu carácter. Yo me siento muy orgullosa de ti al saber que en corazones como el tuyo existe espacio para los amigos que no son perfectos. Y sé que con tu ejemplo, cada persona que se acerque a ti, se superará, porque ofreces el amor y el apoyo para que eso suceda.

Qué hermoso es conocer a personas como tú que nos demuestran que el perdonar no es cosa fácil, pero la alternativa de guardar rencor hace la vida mucho más difícil de vivir.

Fecha

_____

Notas

_____

_____

Dios siempre viene a tu rescate

«Envió desde lo alto; me tomó,
me sacó de las muchas aguas.
Me libró de mi poderoso enemigo,
y de los que aborrecían ... Jehová fue
mi apoyo. Me sacó a lugar espacioso;
me libró, porque se agradó de mí».

Salmo 18:16-19

Querida hija, cuánto descanso encontramos al saber que nuestro Dios está atento a nosotras y siempre viene a nuestro rescate. ¿Sabes?, en una ocasión cuando estaba atravesando momentos difíciles, leí en el libro de los Salmos un capítulo que me llenó de aliento.

El Salmo 18, comienza con las palabras «Te amo», refiriéndose a ese amor que sentía David por su Dios, al saber que Él era su refugio, su fortaleza, el pronto auxilio en momentos de tribulación. Hija, Jesús es el que te ciñe de poder, el que hace perfecto tu camino, te hace estar firme para que tu pie no tropiece ni resbale. Cuando clamas a Él, Jesús promete oírte y salir a tu socorro, volviéndose enemigo de tus enemigos. Este salmo describe que en su prisa por socorrerte, los cielos se conmueven, la tierra tiembla, humo sube de su nariz y truenan los cielos al temblor de su voz que ordena libertad y bendición para ti. Todo esto por causa de su gran amor.

Nunca desmayes frente a los momentos difíciles. Recuerda esos primeros veinte versos de este salmo. No dudes ni por un momento, que Aquel que no titubeó ni un segundo frente al gran precio que tenía que pagar en el Calvario por tu redención, tampoco titubeará delante de tus enemigos para venir a socorrerte. Él se identifica contigo porque conoce nuestras debilidades, ha gustado de nuestros dolores y desengaños. Sus ojos están sobre ti, porque Él se agrada de ti, hija amada, y mis oraciones también siempre te acompañarán.

Fecha

_____

Notas

_____

_____

¿De qué bando estás tú?

«Y al que sabe hacer lo bueno,
y no lo hace, le es pecado».

Santiago 4:17

Querida hija, mientras más vivo, más me doy cuenta de que en la vida hay básicamente dos bandos. Uno de esos bandos es el de aquellos que andan con Dios, que viven de acuerdo a los principios morales judeocristianos y hacen bien al prójimo. El otro bando es el de quienes tan solo piensan en ellos mismos, cuyo mundo termina donde termina su piel, y que no hacen nada si no les resulta beneficioso.

Estas dos corrientes son completamente opuestas. Pero la Biblia de continuo te exhorta, hija mía, a que camines firme entre las filas de los que están de parte de Dios. De aquellos que visitan a la viuda y al huérfano y les ayudan. Aquellos que le dan de comer al pobre y que visten al desnudo. Aquellos que se acuerdan del que está enfermo o en la cárcel.

La Escritura promete que Dios te equipará para hacer el bien, y que todo bien que hagas redundará en bendiciones sobre tu cabeza, no tan solo en la vida venidera, sino también en esta.

Haciendo el bien, das gloria a Dios, das testimonio del amor de Jesús en tu vida y ganas terreno para su reino a medida que predicas su evangelio.

Cada noche, al examinar tu día, es bueno que te hagas esta pregunta: ¿De qué bando estoy? ¿Me comporté hoy como hija de Dios? ¿Esparcí su reino? Asegúrate que pudiendo hacer el bien, lo hayas hecho.

Fecha

_____

Notas

_____

_____

Nuestras palabras serán nuestro juez

«Hay ... tiempo de callar
y tiempo de hablar».
Eclesiastés 3:7

Querida hija, cada uno de nosotros sin darnos cuenta juzgamos a los demás. ¿Y sabes cuál es una de las cosas que usamos para medir el carácter de otra persona? Sus palabras. Pero eso no es algo que solo nosotros hacemos. Dios también nos juzga por nuestras palabras.

El libro de Proverbios dice que de la abundancia del corazón habla la boca. Es decir, que de la forma en que te pasas pensando para tus adentros, y todo aquello que anidas en tu corazón, sean alegrías o tristezas, perdón o resentimiento, o cualquier otro sentimiento, se manifestará en tu mundo exterior en forma de palabras. Lo que hay dentro de ti, sale por la boca.

Las palabras son la nave de escape de tus emociones que, al salir, esparcen perfume a tu alrededor. Así le llama Dios a las oraciones de sus santos, esas palabras que esparcen amor y compasión. De ese modo, las palabras también pueden hacer tanto daño como una manada de animales desbocados en medio de un pueblo, o como un automóvil cayendo colina abajo sin frenos.

Sé cuidadosa al hablar, hija mía. Lo peligroso de las palabras es que cuando hacen daño, este es irreparable. Hija, puedes recoger un vaso de agua que se te vierta sobre la mesa, puedes borrar palabras de un papel, pero una vez que la palabra sale de tu boca, ya no puede ser recogida, y puede ser que quien la escuche, no la pueda olvidar.

Las palabras son armas espirituales que afectan e influyen en el mundo espiritual: la mente y el espíritu. La importancia de la palabra dicha es tal, que Dios comenzó la creación del mundo, diciendo: «sea la luz». La salvación, viene por fe, pero el libro de Romanos advierte que «con el corazón se cree para justicia, pero con la boca se confiesa [habla] para salvación».

Jesús también le dio mucha importancia en sus enseñanzas a las palabras que salen de la boca del hombre, y dijo: «de toda palabra ociosa que hablen los hombres, de ella darán cuenta en el día del juicio».

Fecha

_____

Notas

_____

_____

Vive el día de hoy a toda plenitud

*«No os ha sobrevenido ninguna
tentación que no sea humana;
pero fiel es Dios, que no os dejará
ser tentado más de lo que podáis resistir;
sino que dará también juntamente
con la tentación la salida,
para que podáis vencer».*

1 Corintios 10:13

Querida hija, al escuchar por la calle el comentario «vive tu vida a plenitud», por lo general lo asociamos a un estilo de vida desordenada, llena de excesos y cosas semejantes que tan solo producen escándalo y vergüenza.

Sin embargo, Dios desea que vivas tu vida cada día a plenitud. Su deseo es que vivas como si fueses una novia que está ansiosa esperando el regreso de su amado para llevarla al altar. Cada día tienes cuidado de lucir bien, estar limpia, tener tu equipaje espiritual arreglado y, sobre todo, mantienes tu corazón lleno del amor y de la ilusión que proporcionan el saber que algún día lo volverás a ver.

Tú, mi amada, cuida de cumplir con tus obligaciones diarias: tus estudios, los oficios de tu casa, tu trabajo, y todo aquello que compone la vida de una muchacha estudiante de universidad. Mantén tu corazón libre de cualquier vicio o amor extraño que quiera reemplazar tu amor por el Señor. Vigila con diligencia que el trato diario con Aquel que te redimió no sea sustituido por otras relaciones, que en su lucha por tu atención, demanden que te alejes de Él.

La verdadera vida, la que se vive a plenitud, es aquella que se vive consciente de las bellezas de este mundo, sin pasar por alto las maravillas de ese mundo que no se ve, el que será nuestro mundo por toda la eternidad. La vida que se camina consciente de asumir las consecuencias de tus palabras y tus actos es aquella que no teme al futuro porque en tu corazón hay integridad; no hay engaño, ni falsedad.

Preciosa hija, siempre haz demostrado saber vivir la vida a plenitud. Vigila que en esta nueva etapa de tu vida no caigas en alguna trampa, que teniendo apariencia de piedad, termine negando la eficacia de tal pureza. Es mejor reconocer un error a tiempo, que no tenerlo en cuenta y a la larga quedar derrotada.

Fecha

_____

Notas

_____

_____

Todos llevamos dentro a un pequeño Raúl

«No me elegisteis vosotros a mí,
sino que yo os elegí a vosotros,
y os he puesto para que vayáis
y llevéis fruto, y vuestro fruto permanezca».

Juan 15:16

Querida hija, ¡es tan fácil hacer énfasis en nuestros propios defectos y fracasos!

Había una niña cristiana llamada María que era muy linda y popular. Su maestro de Escuela Dominical era también su maestro de teatro. Los muchachos se peleaban por actuar con María. La clase de teatro estaba dividida en grupos, y cada semana un grupo presentaba una obra corta frente al colegio.

Un día, el profesor le pidió a María que escogiera a Raúl como galán en su obra. «¡Raúl!» fue el gemido que María no pudo contener al escucharlo. «¿Está seguro profe..? ¿De galán?» no podía dar crédito a sus oídos.

El joven menos popular en el colegio, Raúl. Él era torpe, flaco que daba pena, y tan feo que le daba miedo al susto. Entonces ella le preguntó: «¿Por qué no se lo pide a otra persona?».

«Tú eres cristiana. ¿Qué haría Jesús en tu lugar?»

María estuvo debatiendo toda esa noche, ¿qué pensarían todos? Llegó el momento de escoger el grupo y, por supuesto, la primera persona tendría el papel de su galán. Diciendo entre dientes lo que podía ser una oración o queja a Dios, María se dirigió hasta donde estaba Raúl y le asignó el papel, bajo la mirada de sorpresa de todos los otros jóvenes, incluyendo el mismo Raúl.

Ya han pasado años desde ese día y seguro María no se acuerda de ese momento, pero te aseguro que Raúl nunca olvidó el día que tuvo la oportunidad de ser el galán en una obra con María.

Mi amada, cada uno de nosotros llevamos dentro a un pequeño Raúl. Esa parte nuestra que es torpe, llena de defectos. Pero Jesús se ha acercado para ofrecernos un papel principal con Él. Jesús ve en nosotros lo bueno que nadie más ve y nos invita a participar en su plan.

Fecha

_____

Notas

_____

_____

«Colomacopendo»

«Por la misericordia de Jehová
no hemos sido consumidos,
porque nunca decayeron
sus misericordias. Nuevas son cada
mañana; grande es tu fidelidad».

Lamentaciones 3:22-23

Querida hija, en la vida hay que saber mantener nuestros ojos en lo positivo, lo bueno, lo que trae bendición. A medida que van pasando los años, y este cuerpo se va desgastando, es muy fácil dejar entrar a nuestra mente pensamientos de derrota, que los fracasos nos parezcan mayores, y que nos deprima la tristeza de aquello que pudimos hacer y no hicimos.

Yo he combatido días como estos que acabo de describir, y llegará el tiempo en que tú también te halles luchando con ellos. Sin embargo, mi mamá me enseñó el antídoto para ese mal, y se encierra en una sola palabra: «A Colomacopendo». Hoy día yo también quiero pasarte a ti el legado de este maravilloso antídoto. Cuando el pesar de lo que pudo ser y no fue quiera entristecer tus ojos, recuerda esta palabra: «¡Colomacopendo!». Ella encierra todo lo que Dios tiene deparado para ti y como Él desea que cada mañana comience tu día.

Tú me dirás: «Pero, mamá, ¿qué quiere decir esa palabra?»

COLOsal
MACAnudo
estuPENDO

Colomacopendo quiere decir: que tengas un día lleno de incidentes Colosales, Macanudos y Estupendos.

Fecha

_____

Notas

_____

_____

Las consecuencias de una travesura

«Pues a sus ángeles mandará
acerca de ti, que te guarden
en todos tus caminos».

Salmo 91:11

Querida hija, ¡qué divertido nos resulta pensar, al menos por unos momentos, que vamos a cometer una travesura, a tirar una canita al aire! Y en esos momentos de emoción, no nos detenemos a examinar las consecuencias del asunto. Yo puedo hablarte de esto porque las travesuras ya rondaban por mi cabeza desde muy pequeña.

Un día mi mamá no pudo ir a trabajar porque, se sentía con fiebre, así que se quedó en casa. Ella se alegraba, ya que nosotras pasábamos juntas tan solo los fines de semana, y entre semana, ella estaba trabajando. Yo tenía cuatro años y me encantaba sentarme en el balcón para mirar a la gente y a los autos pasar. Lo que no le decía era que sentía una gran curiosidad de ver a la «Galopanda».

La «Galopanda» era un personaje que en mi casa usaban para hacerme comer. Me decían que detrás de una pequeña colina que había al cruzar las calzadas frente a mi casa, vivía este gigante con un solo ojo en el centro de la frente. A la

Galopanda, según ellas, le gustaba comerse la comida de los niños.

Después de mucho ruego, mamá accedió a sentarse conmigo en el portal. Ella tuvo que entrar por unos minutos y antes de hacerlo me advirtió que tenía que quedarme allí jugando. Por supuesto que yo le dije que sí, pero tan pronto ella se dio vuelta, me escapé escalera abajo y muy decidida (sin mirar para los lados) comencé a cruzar las dos avenidas. Lo próximo que sucedió fue que un hombre alto, delgado, de ojos azules, estaba llamando a mi puerta con una mano y tomando mi mano con la otra. Te imaginarás que este hombre, que por poco me atropella, con una voz muy nerviosa, lo menos que le dijo a mi mamá fue que era una descuidada.

Yo miré la travesura de salir en busca de la Galopanda con emoción, pero gracias a Dios que envió a un ángel para protegerme de mi necedad.

Fecha

_____

Notas

_____

_____

Desarrolla
el discernimiento

«Pero el alimento sólido es para los que han alcanzado madurez, para los que por el uso tienen los sentidos ejercitados en el discernimiento del bien y del mal».

Hebreos 5:14

Querida hija, si te contara las veces que me he equivocado, te aburrirías. He tomado decisiones muy rápidas, y sin pensar, o bajo el calor de un momento de emoción... En fin, puedo encontrar una excusa para justificar cada una de ellas. Pero la realidad es que no fue hasta que comencé a desarrollar el don divino del discernimiento de espíritus, que comencé a tomar ventaja en el asunto.

La Biblia enseña que uno de los nueve dones que ofrece el Espíritu Santo es este. ¿Por qué es necesario? Bueno, cada persona tiene un espíritu. También sabemos que hay espíritus malignos que pueden influir en las personas. Así que con este don, se discierne más allá de lo que uno puede ver con los ojos y reconoces si en la persona hay verdad o no en lo que dice o hace. También estos espíritus, al igual que el Espíritu de Dios, pueden estar detrás de circunstancias, situaciones y cosas.

Con este don puedes discernir si Dios está en el asunto o si es otro espíritu.

Amada hija, nunca debes olvidar que vives en dos mundos al mismo tiempo. El mundo material y el espiritual que existe paralelo a aquel. Analizando esto, me llegó a mis manos un pensamiento que deseo decirte.

En un segundo, puedes descubrir a alguien muy especial.

En pocas horas, lo puedes conocer.

En pocos días, lo puedes llegar a amar.

Sin embargo, toma toda una vida el poder olvidar a esa persona tan especial.

Es en esos primeros segundos que se debe usar el don del discernimiento de espíritus, a fin de saber si esa persona es tan especial como imaginas que es.

Amada hija, oro para que cuando escojas al hombre con quien te casarás, sepas discernir su espíritu y sus intenciones desde el comienzo.

Fecha

_____

Notas

_____

_____

Fechas para recordar

Fecha: _____

Ocasión: El día de tu cumpleaños.

Hija: Oro dando gracias a Dios, por haberme dado una hija como tu. Si alguien me preguntara, por qué te quiero tanto, solo podría responder: «Porque ella es especial para mi corazón. Es ese ser que Dios me regaló para hacerme una mejor persona y bendecirme todos los días de mi vida».

Comentarios:

_____

_____

Fecha: _____

Ocasión: El día que aceptaste a Jesús

Hija: Fue un hermoso día lleno de alegría para Dios en los cielos. Dice las Escrituras que hay fiesta en los cielos cuando un alma se entrega a Jesús. Ese día no tan solo había fiesta en los cielos, sino también en mi corazón, sabiendo que por una eternidad estaremos juntas.

Comentarios:

_____

_____

Fecha: _____

Ocasión: El día en que fuiste bautizada en agua

Hija: Todos esperábamos con nerviosismo ese día en que fueras a ser bautizada en agua, dando así fe de tu confianza en Jesús. Aun puedo recordar la sonrisa en tu rostro cuando saliste del agua. Estabas rebozando de felicidad, y yo me sentí muy orgullosa de ti.

Comentarios:

_____

_____

Fecha: _____

Ocasión: Día de tu primera comunión

Hija: Hiciste muchas preguntas, y con paciencia todas fueron contestadas. Era importante que tú entendieras todo lo que implica la Santa Cena. Luego participaste de este bendito sacramento y creciste delante de los ojos de todos. Ya pertenecías al grupo de adultos de la congregación que podía compartir el pan y el vino en memoria de Él.

Comentarios:

_____

_____

Fecha: _____

Ocasión: Día en que cumpliste quince años

Hija: Por tradición, cuando una hija cumple los quince años, se hace un festejo, ya que es motivo de alegría el presentarle a la sociedad a una hija; gran motivo de orgullo para toda su familia. Y tú mi hija amada, hiciste de esta ocasión algo fácil, ya que siempre nos diste a tu padre y a mí alegría y felicidad.

Comentarios:

_____

_____

Fecha: _____

Ocasión: Día de tu graduación

Hija: El día de tu graduación comenzamos a pensar por vez primera que te estabas volviendo toda una señorita, parada en el umbral del mundo de los adultos. Luchamos pensando en cómo aflojar las normas de control que teníamos hasta el momento. Reglas y normas diseñadas para protegerte, no para controlarte. Pero había llegado lo inevitable para ti y para nosotros: tendrías que comenzar a tomar tus propias decisiones. Era el momento decisivo que demostraría si habíamos hecho un buen trabajo como padres.

Comentarios:
_____
_____

Fecha: _____

Ocasión: Día que condujiste un automóvil por vez primera

Hija: Recuerdo la cara de emoción que tenías cuando me mostraste tu licencia de conducir. Parecías aquella niña que años atrás me mostraba su muñeca nueva o sus buenas notas del colegio. Dabas saltos de un lado para otro y mientras tú sonreías, yo recordaba la primera vez que te viera montando una bicicleta. ¿Quién me diría en ese entonces que te vería conduciendo un automóvil?

Comentarios:
_____
_____

Fecha: _____

Ocasión: Día que te mudaste fuera de casa

Hija. El día que te mudaste fuera de casa para salir a estudiar, fue un día de emociones mixtas para tu padre y para mí. Sentíamos alegría porque sabíamos que ya estabas encaminada en tus estudios para labrar un futuro. Sentimos tristeza porque ya no eras la niña pequeña que dependía de nosotros para todo, sino toda una mujer. Nos pediste un consejo antes de partir y te lo dimos: «Ama a Dios con todo tu corazón».

Comentarios:

_____

_____

Fecha: _____

Ocasión: Tu primer trabajo

Hija: Tuviste el coraje, y quizá también la necesidad, de salir a buscar un trabajo. Lo encontraste y fue algo que tomaste muy en serio. Todos comenzamos a decirte cómo debías vestir, cómo debías actuar y sobre todo cómo debías gastar o ahorrar tu dinero. Y tú, con una sonrisa, tomaste tus propias decisiones y continuaste tu carrera por la vida de adulto.

Comentarios:

_____

_____

Fecha: _____

Ocasión: Día de tu noviazgo

Hija: El día que te enamoraste y tuviste novio no fue un secreto que pudo guardarse por mucho tiempo. Tu rostro daba gritos silenciosos de felicidad y amor. Se podía leer en cada mirada, en cada gesto que hacías, que estabas enamorada. Y cuando el anuncio se hizo oficial, todos nos alegramos junto contigo. Nuestros deseos fueron de felicidad eterna.

Comentarios: _____

_____

_____

Fecha: _____

Ocasión: Día de tu boda

Hija: El día de tu boda estabas tan nerviosa como hermosa. Pero tú no eras la única. Yo me sentía tan emocionada como tú; aunque trataba de disimularlo. Todo fue hermoso, a pesar de los inconvenientes que siempre surgen en estas ocasiones. Tanto tu padre como yo volvimos a sentir en un instante, muchas emociones juntas, y la esperanza de no perder una hija, sino ganar otro hijo.

Comentarios: _____

_____

_____

Fecha: _____

Ocasión: Día que nació tu primer hijo

Hija: El día que nació tu primer hijo, tanto tú como tu esposo estaban henchidos de orgullo y alegría. Sin embargo, tu padre y yo pensamos que nunca podrían ganarnos a nosotros porque como abuelos pensamos que amamos con más comprensión. ¿Sabes algo? ¡la, experiencia de haber sido padres nos da una gran ventaja!

Comentarios:

_____

_____

Fecha: _____

Ocasión: Los días de fiesta que pasamos juntas

Hija: Ya tienes tu propio hogar y una vida independiente. Sin embargo, nada en este mundo podrá impedir que sigas siendo nuestra hija. Y cada día de fiesta en que nos reunimos todos como familia, llena nuestros corazones de un gozo indescriptible. Pienso que no hay alegría mayor que la de poder experimentar el estar todos juntos, alegres, como familia.

Comentarios:

_____

_____